国家示范性高等职业院校课程改革教材

Gaosu Gonglu Jiankong Xitong Jicheng

高速公路监控系统集成

曾瑶辉　李冬陵　编著

人民交通出版社

内容提要

本书为“国家示范性高等职业院校课程改革教材”，也是交通安全与智能控制专业“高速公路监控系统集成”项目化课程的配套教材。全书设置了简易四路视频监控系统的实现，收费站级视频监控系统的实现，隧道监控系统特殊部分的实现，车辆检测、气象监测等子系统的实现，信息发布子系统的实现，交通控制子系统的认知，分中心级监控系统的集成，省级联网监控系统的集成，监控技术革新设想共9个项目；项目下一般设有子项目和任务，形成3层模块式结构。

本书可以作为高职交通运输类专业“高速公路监控系统集成”或相关课程的教材，也可以作为高速公路监控系统或其他类似监控系统的维护人员的培训教材。

图书在版编目（CIP）数据

高速公路监控系统集成／曾瑶辉，李冬陵主编．—北京：人民交通出版社，2010.11

ISBN 978-7-114-08747-9

Ⅰ.①高…　Ⅱ.①曾…　②李…　Ⅲ.①高速公路—监测系统：控制系统—高等学校：技术学校—教材　Ⅳ.①U491.1

中国版本图书馆CIP数据核字（2010）第211090号

国家示范性高等职业院校课程改革教材

书　　名：高速公路监控系统集成
著 作 者：曾瑶辉　李冬陵
责任编辑：黎小东
出版发行：人民交通出版社
地　　址：（100011）北京市朝阳区安定门外外馆斜街3号
网　　址：http://www.ccpress.com.cn
销售电话：（010）59757973
总 经 销：人民交通出版社发行部
经　　销：各地新华书店
印　　刷：北京市密东印刷有限公司
开　　本：787×1092　1/16
印　　张：9.5
字　　数：222千
版　　次：2010年11月　第1版
印　　次：2019年5月　第7次印刷
书　　号：ISBN 978-7-114-08747-9
定　　价：23.00元
（有印刷、装订质量问题的图书由本社负责调换）

序　言

我院在长期的办学实践中，不断深化职业教育教学改革，先后与80多家大中型企业开展合作办学，探索出了"订单"培养、"秋去春回、工学交替"等人才培养模式，毕业生深受用人单位的欢迎，实现了学校、企业、学生等"多赢"。在校企合作中，我们深刻体会到，要真正实现"技能训练与岗位要求对接、培养目标与用人标准对接"，就必须有一套适合"订单"教学的工学结合的教材，于是就有了与企业技术骨干一起编写教材之愿望，随后几年，各种讲义便呼之欲出。

教育部《关于全面提高高等职业教育教学质量的若干意见》中指出："高等职业院校要积极与行业企业合作开发课程，根据技术领域和职业岗位（群）的任职要求，参照相关的职业资格标准，改革课程体系和教学内容。""与行业企业共同开发紧密结合生产实际的实训教材，并确保优质教材进课堂。"2007年，我院被正式列为第二批国家示范性高等职业院校建设单位，开发"工学结合特色教材"作为国家示范重要建设项目，被郑重地写入了建设任务书。

三年来，各教材主要撰写人带领教学团队成员，深入"订单"企业调研，广泛听取企业、学生、职教专家等多方人士意见，并结合国外先进的职教经验，遵循基于工作过程导向的课程开发理念，夙兴夜寐，多易其稿，进一步丰富了原讲义的内容，并付诸教学实践。正是有了各专业教学团队的辛勤耕耘，这套工学结合的系列教材才得以顺利付梓。在这里，我要道三声感谢：感谢国家示范建设项目的实施给我们提供了千载难逢的参与机会，感谢各位领导、省内外职教专家的悉心指导，感谢各位老师、主要撰稿人为之付出的劳动。

诚然，由于我们课程开发的理论功底不深，深入实践的时间有限，教材中错误也在所难免。正如著名职教专家姜大源在国家示范性高等职业院校建设课程开发案例汇编《工作过程导向的高职课程开发探索与实践》序言中所说："这只是一部习作。习者，蹒跚学步也"。它"虽显稚嫩，却是新起点"。诚恳希望各位同行、专家批评指正。

工学结合是职业教育永恒的主题。即将颁布和实施的《国家中长期教育改革和发展规划纲要(2010~2020)》对大力发展职业教育做出了许多重大举措,特别提出了制定校企合作法规,调动企业参与职业教育的积极性。可以说,职业教育将迎来又一个新的春天。欣逢盛世,责任重大。我们将一如既往地加强与企业的合作,积极探索多种形式的职业教育模式,开发适应企业和市场需求的专业教材,努力培养更多的高技能人才,为实现我国从人力资源大国到人力资源强国的转变作出应有的贡献。

路漫漫其修远兮,吾将上下而求索。

是为序。

王章华

2010年3月于岳麓山下

(王章华为湖南交通职业技术学院院长、教授,中南大学硕士生导师)

前　　言

进入21世纪，我国高速公路的飞速发展使高速公路机电系统也随之迅猛发展。智能交通系统成为21世纪地面交通运输的前沿科技，是21世纪地面交通运输运营和管理的主要发展方向，是交通运输领域的一场革命。

正是在这样的大背景下，湖南交通职业技术学院的交通安全与智能控制专业成为中央财政支持的重点建设专业，担负起智能交通系统人才培养的任务，开设了"高速公路监控系统集成"、"高速公路通信系统集成"、"高速公路收费系统集成"、"高速公路供电"、"GPS在智能交通中的应用"等一系列课程。由于这些课程都是新开设的课程，所以要组织教师编写校本教材，而且在中央财政经费和人民交通出版社的支持下，这些校本教材得以公开出版，为更多的人服务。

本书是本着实用的原则来编写的。基础理论方面不作过多过深的论述，以够用为度。内容组织成项目设计的形式，且项目或子项目和高速公路监控系统的各个子系统基本对应，形成了项目、子项目、任务三层结构。

本书由湖南交通职业技术学院交通安全与智能控制专业建设团队（包括企业专家）集体编写完成。全书由曾瑶辉教授和李冬陵高级工程师编著，湖南交通职业技术学院的赵竹、田杰、刘虹秀、陈瑜、陈媛、仇晶、肖宁参与了本书的编写。

本书得到中央财政示范高职院校重点建设项目经费支持，在编写和出版过程中得到过多方帮助：人民交通出版社及责任编辑给予了大力支持；专业建设指导委员会对教材的内容进行了审阅；湖南省高速公路管理局不但为学生提供了实习基地，还为本教材提供了许多宝贵的一手资料；书中大量采用了长安大学孙巧燕、单永欣、李纲、张媛等硕士论文的成果。由于给予帮助的人太多，无法一一写上他们的名字，在此一并向他们表示衷心的感谢，感谢他们为高职教育作出的贡献。

编　者

2010年9月

目　　录

引　子

任务1　了解课程性质与定位

本课程是交通安全与智能控制专业核心课程，目标是培养学生在监控系统集成与维护行动领域的核心技能，使学生能够胜任高速公路监控系统维护员的岗位。此外，本课程还和“监控设备操作工实务”一起，构成对“公路监控设备操作工”的职业技能培养和鉴定的支持。

一、课 程 目 标

课程总体目标是：通过学习，学生能够完成高速公路监控系统集成工作流程（需求分析、方案设计、安装调试、工程验收）中的每个环节，具有完成这些环节所需要的知识、技能、素质；能够胜任高速公路监控系统维护员的岗位。通过本课程和“监控设备操作工实务”课程的学习能够通过“公路监控设备操作工”的鉴定。

课程具体目标包括：

（一）能力目标

（1）能够读懂站级到省级高速公路监控系统整体设计方案，能够按照设计好的方案进行现场安装、调试，能够掌握监控系统建设项目进度。

（2）具有站级到省级监控系统的运行维护能力。

（3）能够做站级、路段级监控系统的方案设计。

（4）能够完成典型监控设备的现场操作、故障诊断与恢复。

（5）具有现场组织管理能力及协调能力。

（二）知识目标

（1）了解监控系统集成工作流程的主要工作内容，掌握设备选型的方法。

（2）熟悉典型监控设备的性能指标和技术参数。

（3）熟悉典型监控系统的组织布局及工作原理。

（三）情感目标

（1）帮助学生体验监控系统集成学习活动中的成功与快乐，使他们认识到知识和技能来源于实践，又服务于社会。

（2）通过教师演示、学生独立动手操作完成项目任务，激发学生的学习兴趣，培养学生科学观察、独立思考、自主探究的习惯，从而使学生达到自主学习、参与学习、合作学习的目的。

（四）态度目标

在安装调试过程中培养学生吃苦耐劳的精神、严谨的工作作风，与人和谐相处、与人高效沟通的综合素质。

二、课程教学内容

以高速公路监控系统集成与维护行动领域包含的工作任务为基础，进行概括提炼后，采用项目驱动式教学方法，把课程设计为以下项目。

项目1　简易四路视频监控系统的实现

项目2　收费站级视频监控系统的实现

项目3　隧道监控系统特殊部分的实现

项目4　车辆检测、气象监测等子系统的实现

项目5　信息发布子系统的实现

项目6　交通控制子系统的认知

项目7　分中心级监控系统的集成

项目8　省级联网监控系统的集成

项目9　监控技术革新设想(创新性项目)

(注:紧急电话系统放在“通信系统集成”课程里。)

具体内容见课程标准文档中的能力项目表和教学进度表。

三、考 核 方 案

本课程不采用传统的卷面考试，而是采用基于项目完成情况的项目化考核，具体考核方式如下：

(1)以平时项目完成情况为主要考核依据(能力考核)。

(2)总评成绩=平时项目考核(90%)+平时学习态度(10%)。平时项目考核采取公开展示项目成果并答辩、学生参与议定成绩的方式，以方案书的质量(40%)和调试连通质量(60%)为考核依据。平时学习态度根据考勤情况和平时实际态度由教师和学生小组评定，权重各占50%。这样可以充分体现学生在评价中的主体地位。

(3)每个项目都要进行考核，各个项目成绩按项目复杂程度做加权平均就得到总项目考核成绩。

本课程与职业技能认证是密切结合的，学完该课程和“监控设备操作工实务”后应当能够通过“公路监控设备操作工”的鉴定。还可以参加安防工程师系列的职业技能认证。

任务2　引 入 课 程

一、引入情境1

要求学生现场用笔记本电脑+普通聊天用摄像头(任课老师带)组建一个最简单的监控系统(如图0-0-1所示)，能够把本地和远程被监控目标的图像显示到桌面上，还可以通过投影仪投影到银幕上。

通过这个例子，学生应该使学生树立信心，体会到原来监控系统就这么简单而有趣！通过这个例子还可以说明网络视频监控系统的基本组成。

(1)视频采集子系统(摄像头)；

(2)视频传输子系统(摄像头到投影仪间的传输线路；当用QQ视频聊天时，屏幕上可以

出现远程监控镜头，此时整个因特网就是视频传输子系统，也就是通信系统）；

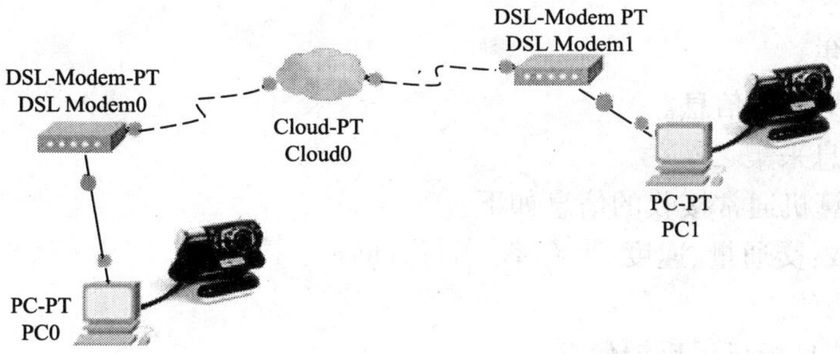

图 0-0-1　通过 QQ 视频建立的远程监控系统示意图

(3)视频切换子系统（在 QQ 上可以实现视频切换，切换到另外一个人的画面；多媒体教室里的 VGA 视频切换器也是一种切换）；

(4)视频显示子系统（电脑显示屏、投影仪）。

二、引入情境 2

要求两个学生同时上台，尝试绘出一个高速公路收费站视频监控系统的结构图，列出设备清单。通常，学生都会感觉不知从何入手，或者能够上手也完成得不完整。这就会暴露学生技能和知识的缺陷。使学生们认识到原来要做真实的高速公路监控系统集成不是那么简单，还需要学习和训练！这就激发了学生学习的兴趣和动力。

老师这时可以向学生说明要做好一个收费站监控系统的集成一般要完成哪些工作流程，产生哪些工作文档，要具有哪些技能和知识。然后引出课程安排和课后学习及考核要求，要求学生阅读课程标准。

告诉学生第一个大的阶段性任务就是编写收费站级监控系统的需求说明书和设计方案书，并在监控实训室利用仪器设备实现。这就引出了第一阶段的学习目标，学生很容易理解。设计方案书的样式让学生课后自己去查找，以训练查阅资料的能力。

告诉学生，为了完成设计任务，必须安排一次到收费监控站的实地考察调研。让学生明白实地调研是做设计方案的一个必需步骤。

三、引入情境 3

本情境意在引导学生初识高速公路监控系统。高速公路监控系统是用于监视和控制道路交通状况，引导交通流，提高道路利用率的机电系统。图 0-0-2 所示为临长高速三级监控系统。

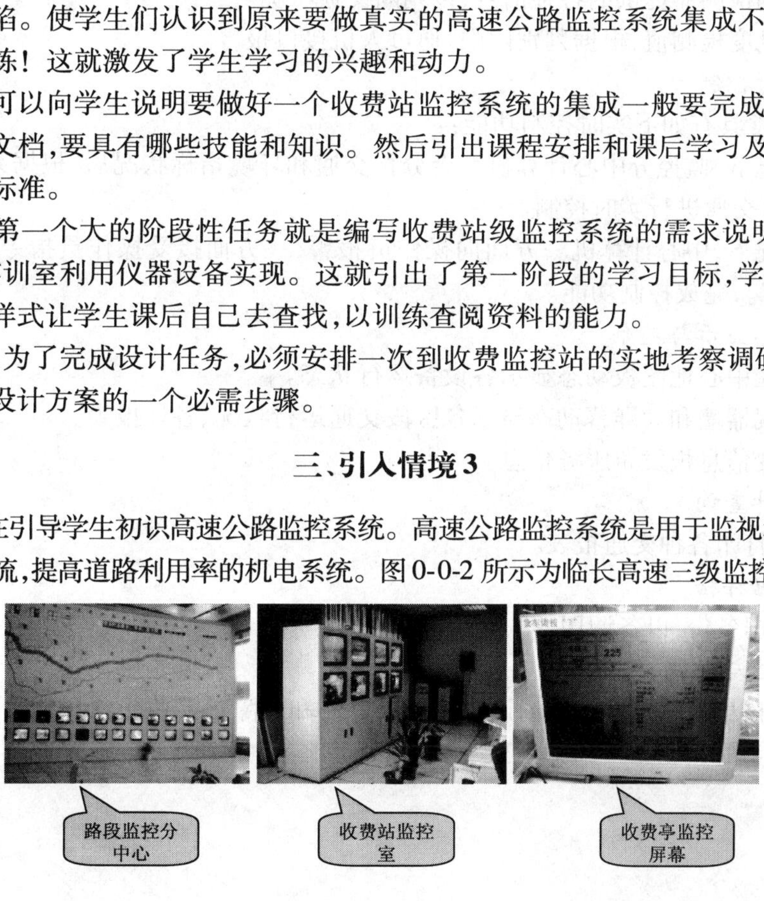

图 0-0-2　临长高速三级监控

高速公路监控系统通常具有以下功能。

功能 1　信息采集

1)视频信息采集

外场摄像头采集视频信息。

2)其他数据信息采集

监控分中心计算机通常接收的信息如下:

(1)交通流参数:交通量、速度、占有率、车行方向。

(2)能见度检测值。

(3)大小可变信息板显示反馈信息。

(4)紧急电话呼叫信息:呼叫时间、地点、次数。

(5)各种设备的工作状况反馈信息。

(6)收费分中心传来的交通信息。

(7)操作员输入的事件事故信息。

对道路上发生的每一事件的详细情况,如时间、地点、伤亡人员情况、持续时间、采取的措施、处理方法、值班员号码等均记录在计算机中。

功能 2　数据处理

监控分中心计算机对收集的信息进行如下处理:

(1)处理车辆检测器提供的各种信息,以判断交通状况。

(2)处理能见度检测值,根据判别门限,通过人机接口报警。

功能 3　实时控制

监控系统通常具有如下实时控制功能:

(1)正常情况下,监控分中心计算机综合分析交通和环境指标状况后,根据系统内已经预备的控制方案,对交通进行实时控制。

(2)紧急情况下,中心计算机一方面向操作员报警,一方面接受操作员指令,包括通知消防、抢险、救援部门,完成控制功能。

功能 4　信息显示与发布

(1)通过监控中心地图板动态显示各设备运行状态。

(2)通过监视器墙和大屏幕动态显示各区段交通运行状况、各种报表。

(3)通过可变信息板发布服务信息。

功能 5　统计查询

统计、查询、打印各种交通报表。

功能 6　数据存档

完成每日数据备份,以备调用。

功能 7　自检与报警

具有对系统自身的软硬件及外场设备的自动监测和故障报警功能。

项目1 简易四路视频监控系统的实现

【项目描述】

能力目标

■ 能根据原理图在实训室内实现简易（四路切换式，不含云台和解码器）视频监控系统的连线和调通。

相关支撑知识

■ 视频监控系统的基本组成、各子系统组成及元器件知识。

训练方式、手段及步骤

■ 分组在实训室内实现简易（四路切换式）视频监控系统的连线和调通。即把4个摄像机的视频输出通过4根同轴电缆连接到视频切换器的输入口，把切换器的输出连接到监视器的输入；加电，操作切换器，使监视器屏幕在4个摄像机镜头间切换。

考核标准

■ 系统工作正常，能够切换监控画面（视频切换器或矩阵暂时由教师负责操作，学生在后续有关视频矩阵操作项目中进行练习。极端情况下可以不要切换器，可以手工把摄像机的视频输出连接到监视器的输入上）。

任务1 基本切换式视频监控系统的实现

一、任务布置

本任务实现一个最基本的四路视频监控系统，后续的课程再让学生的技能和知识在这个基础上进行扩充。

这个最基本的视频监控系统由4个摄像机、1个视频切换器（带控制键盘）、1台监视器、若干视频电缆连接而成。其基本结构如图1-0-1所示。

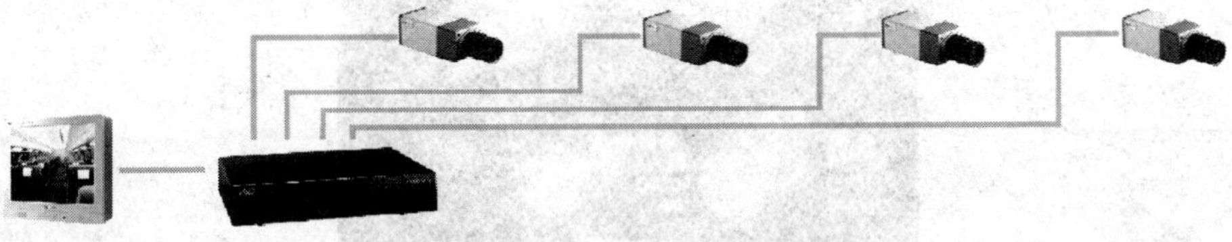

图1-0-1 四路切换式监控系统示意图

本任务的具体要求如下：

(1)将设备连接成为一个简单的监控系统，能够从监视器上看到某个摄像机的图像。

(2)能够用矩阵做切换，使监视器上显示指定摄像机的图像。

(3)画出设备连接图(用现场照片)，详细标注每个接口名称。

(4)写出在矩阵上作切换的操作过程。

二、接　　线

(1)关闭所有设备的电源开关，接好所有设备的电源线。

(2)将4个摄像机的视频输出口(VIDEO OUT，一般为BNC接口，见图1-0-2)用视频电缆连接到视频矩阵的视频输入口(VIDEO IN，一般为BNC接口，见图1-0-3)1到4。

图1-0-2　摄像机视频输出接口

图1-0-3　切换器(矩阵)视频输入、输出接口

(3)将视频矩阵的VIDEO OUT 1口用视频电缆接到监视器的视频输入口(一般为BNC接口，见图1-0-4)。

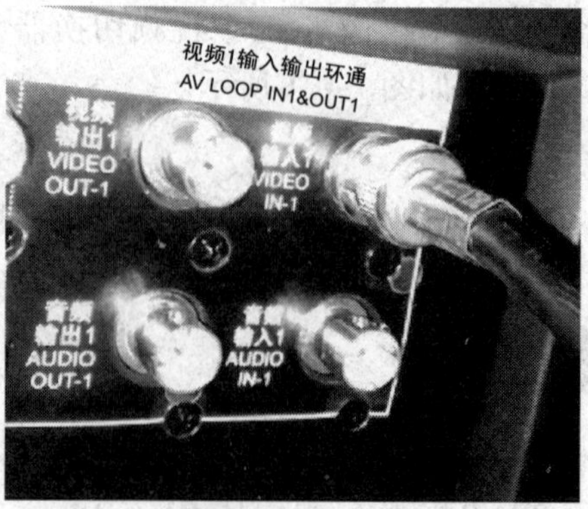

图1-0-4　监视器视频输入接口

(4)将控制键盘与矩阵连接好，连接方式见具体产品的说明书。

注意，一般摄像机的视频输出、切换器的视频输入输出、监视器的输入均为 1.0Vp-p 的视频信号（模拟信号）。

三、加　　电

一般先给摄像机、监视器加电，再给切换器加电。

四、获取监控图像

(1)用监视器的遥控器或面板按钮将其信号源设置为正确的视频输入口。

(2)在切换器（矩阵）的控制键盘上控制将某路输入接到某路输出。在本例中是控制把 1～4路中的一路接到 1 号输出口上。控制命令见具体产品的说明书，实训设备用的命令如下。

CLEAR 1-MON-1-CAM：意思是接在矩阵 1 号输出口上的监视器上显示接在矩阵 1 号输入口的摄像机的图像。

CLEAR 1-MON-2-CAM：意思是接在矩阵 1 号输出口上的监视器上显示接在矩阵 2 号输入口的摄像机的图像。

CLEAR 1-MON-3-CAM：意思是接在矩阵 1 号输出口上的监视器上显示接在矩阵 3 号输入口的摄像机的图像。

其余可依此类推。

任务 2　基本分割式视频监控系统的实现

一、任 务 布 置

用 4 个摄像机、1 个具有视频分割功能的硬盘录像机（DVR）、1 台监视器、若干视频电缆，组成一个画面分割式视频监控系统。其基本结构如图 1-0-5 所示。

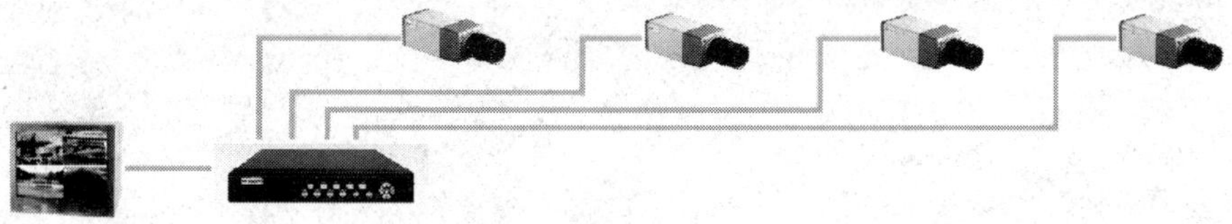

图 1-0-5　分割式视频监控系统结构图

本任务的具体要求如下：

(1)将设备连接成一个简单的监控系统，能够从监视器上同时看到 1 个或若干个摄像机的图像。

(2)能够调整监视器上的画面数。

(3)画出设备连接图（用现场照片），详细标注每个接口名称。

(4)写出在硬盘录像机上作画面分割的操作过程。

二、接　　线

(1)关闭所有设备的电源开关，接好所有设备的电源线。

(2)将4个摄像机的视频输出口用视频电缆连接到硬盘录像机的视频输入口。

(3)将硬盘录像机的视频输出口(注意不是环通输出口)用视频电缆接到监视器的视频输入口。

(4)将鼠标与硬盘录像机连接好(一般直接插到USB接口即可)。

三、加　电

一般先给摄像机、监视器加电,再给硬盘录像机加电。

四、获取监控图像

(1)用监视器的遥控器或面板按钮将其信号源设置为正确的视频输入口。

(2)在监视器上看到DVR的操作界面后,可以利用连接在硬盘录像机上的鼠标来控制画面分割数:右击鼠标,在下拉菜单中选择画面分割数(单画面、4画面、9画面、…)。

任务3　创新思维训练

问题1　如果要同时监控图像和声音,该怎么办?

问题2　这个系统适合多远距离的监控? 要实现远距离监控,怎么改进?

问题3　这个系统每个摄像机的监控视野和对焦距离有调节余地吗? 怎么改进?

项目2　收费站级视频监控系统的实现

子项目2-1　视频采集子系统的实现

【子项目描述】

能力目标

■ 能进行摄像机、云台的选型和接线。

相关支撑知识

■ 摄像机、云台、云镜解码器知识。

训练方式、手段及步骤

■ 完成摄像机与云台的选型报告。

■ 画出摄像机、云台的接线图,完成接线。

考核标准

■ 选型报告合理。

■ 接线图正确,接线正确。

任务1　摄像机选型

一、初识摄像机

摄像机是监控系统的关键设备之一,它直接影响采集图像的质量。摄像机的品种不断推陈出新,五花八门,式样繁多。图2-1-1～图2-1-6是几种摄像机及其安装场合的照片。

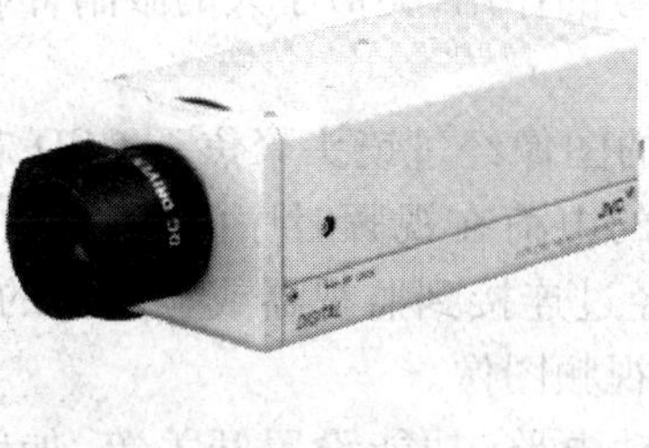

图2-1-1　枪型摄像机

图2-1-2　枪型摄像机加保护罩后安装在车道上

图 2-1-3　半球型摄像机

图 2-1-4　半球型摄像机安装在收费亭里

图 2-1-5　一体化高速球型摄像机

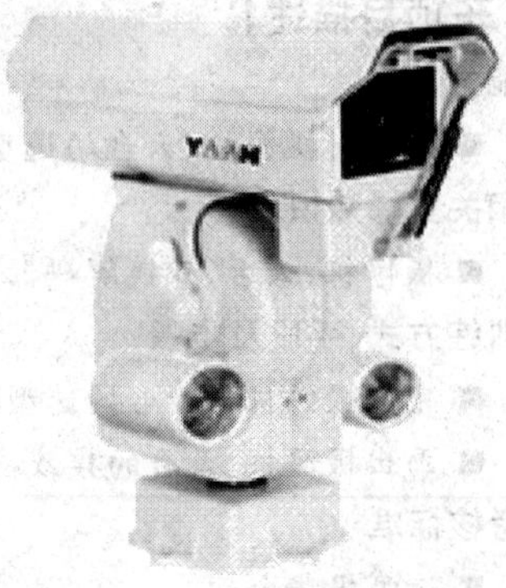

图 2-1-6　装在云台上的枪型摄像机

一般来说,当枪型摄像机固定安装时,只能拍摄到某个固定的圆锥视场角内的对象;当安装在可以在某一个平面内旋转的机电基座上时,其拍摄视场角可以在一个方向上变化,可以拍摄到大致半球范围内的对象,摄像机和基座做成一体化后就成为半球型摄像机;当枪型摄像机安装在可以同时在两个方向旋转的机电基座上时,其拍摄视场角就可以沿任意方向移动,从而拍摄到接近整个球范围内的对象,摄像机和基座做成一体化后就成为球型摄像机。承载摄像机的机电基座称为云台。

二、摄像机的组成及工作原理

和使用胶卷的电影摄影机不同,现在的摄像机大都是 CCD 摄像机。CCD 是 Charge Coupled Device(电荷耦合器件)的缩写,它是一种半导体成像器件,上面有很多结构相同的感光元件,每个感光元件叫一个像素,它起到将光线转换成电信号的作用,类似于人的眼睛,因此其性能的好坏将直接影响到摄像机的性能。

CCD 摄像机的组成大体如图 2-1-7 所示。被摄物体的图像经过镜头聚焦至 CCD 芯片上,CCD 根据光的强弱积累相应比例的电荷,各个像素积累的电荷在视频时序的控制下,逐点外移,经滤波、放大处理后,形成视频信号输出。视频信号经过连接到监视器或显示器的视频输入端通过监视器或显示器就可以显示与原始图像相同的视频图像。

此外 CCD 摄像机一般还有供电电路、自动光圈驱动电路、功能设置开关等,如图 2-1-7 所示。

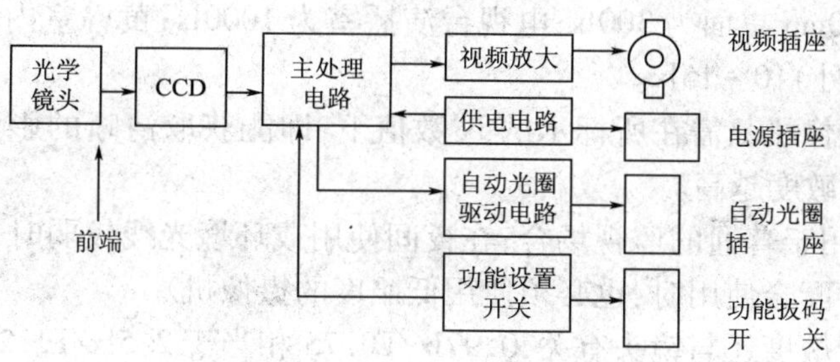

图 2-1-7　CCD 摄像机组成图

摄像机还有单 CCD 摄像机和多 CCD 摄像机之分。单 CCD 是指摄像机内只有一片 CCD 并用其进行亮度信号以及色度信号的光电转换，其中色度信号是用 CCD 上的一些特定的彩色遮罩装置并结合后面的电路完成的。由于一片 CCD 同时完成亮度信号和色度信号的转换，因此难以两全，使得拍摄出来的图像在彩色还原上难以达到很高的要求。为了解决这个问题，便出现了 3CCD 摄像机。3CCD 就是一台摄像机使用了 3 片 CCD。大家知道，光线如果通过一种特殊的棱镜后，会被分为红、绿、蓝三种颜色，而这三种颜色就是通常电视机使用的三基色，通过这三基色，就可以产生包括亮度信号在内的所有电视信号。如果分别用一片 CCD 接受一种颜色并转换为电信号，然后经过电路处理后合成图像信号，这样就构成了一个 3CCD 系统。和单 CCD 相比，由于 3CCD 分别用 3 片 CCD 转换红、绿、蓝信号，拍摄出来的图像从彩色还原上要比单 CCD 来得自然，亮度以及清晰度也比单 CCD 好。但由于使用了 3 片 CCD，3CCD 摄像机的价格要比单 CCD 的贵。

三、CCD 摄像机的主要技术参数

（一）像素数

像素数是指 CCD 上感光元件的数量。摄像机拍摄的画面可以理解为由很多个小的点组成，每个点就是一个像素。显然，像素数越多，画面就会越清晰，如果 CCD 没有足够的像素的话，拍摄出来的画面的清晰度就会大受影响，因此，理论上 CCD 的像素数量应该越多越好。

（二）分辨率

摄像机的分辨率一般是指当摄像机摄取等间隔排列的黑白相间条纹时，在监视器（比摄像机的分辨率要高）上能够看到的最多线数，当超过这一线数时，屏幕上就只能看到灰蒙蒙的一片，而不再能分辨出黑白相间的线条。

常用的黑白摄像机的分辨率一般为 380 ~600 线，彩色为 380 ~480 线，其数值越大成像越清晰。一般的监视场合，用 400 线左右的黑白摄像机就可以满足要求。而对于医疗、图像处理等特殊场合，用 600 线的摄像机能得到更清晰的图像。

（三）最低照度

通常用最低环境照度要求来表明摄像机灵敏度。黑白摄像机的灵敏度是 0.02 ~0.5lx（勒克斯），彩色摄像机多在 1lx 以上。

照度是反映光照强度的一种单位，其物理意义是照射到单位面积上的光通量，照度的单位是每平方米流明（lm）数，也叫做勒克斯（lx）。$1lx = 1lm/m^2$。上式中，lm 是光通量的单位，其定义是纯铂在熔化温度（约 1770℃）时，其 $1/60m^2$ 的表面面积于 1 球面度的立体角内所辐射的光量。典型的环境照度为：夏日阳光下为 100000lx；阴天室外为 10000lx；室内日光灯为

100lx；距 60W 台灯 60cm 桌面为 300lx；电视台演播室为 1000lx；黄昏室内为 10lx；夜间路灯为 0.1lx；烛光(20cm 远处)10～15lx。

最低照度表示摄像机只需在所标示的 lx 数值下，即能获取清晰的影像画面，此数值越小越好，说明 CCD 的灵敏度越高。

0.1lx 的摄像机用于普通的监视场合；在夜间使用或环境光线较弱时，推荐使用 0.02lx 的摄像机。与近红外灯配合使用时，也必须使用低照度的摄像机。

另外摄像机的灵敏度还与镜头有关，0.97lx/F0.75 相当于 2.5lx/F1.2，相当于 3.4lx/F1。

(四)CCD 的尺寸

CCD 的尺寸实际上就是 CCD 芯片对角线的长度。一般以英寸为单位。在像素数不变的情况下，CCD 尺寸越大，单位像素面积就越大，单位像素就可以收集更多的光线，因此，理论上可以说有利于提高画面质量；在相同的光学镜头下，成像尺寸越大，视场角越大。

四、CCD 摄像机的分类

(一)按照成像色彩分类

(1)彩色摄像机：适用于景物细部辨别，如辨别衣着或景物的颜色。

(2)黑白摄像机：适用于光线不充足地区，在仅监视景物的位置或移动时，可选用黑白摄像机。

(二)按照摄像机成像光源分类

(1)普通型：正常工作所需照度 1～3lx。

(2)月光型：正常工作所需照度 0.1lx 左右。

(3)星光型：正常工作所需照度 0.01lx 以下。

(4)红外型：采用红外灯照明，在没有光线的情况下也可以成像。

(三)按照外观分类

有枪型、半球型、球型、纽扣型、针孔型。

(四)按输出视频信号类型分类

(1)模拟摄像机：输出模拟视频信号，通常接监视器、矩阵、硬盘录像机等，如要通过基于 TCP/IP 的计算机网络传送，还需要加视频编码器和视频解码器。

(2)网络摄像机：输出数字视频信号，可直接接入网络的数字化摄像机，它含有 CPU，并由编解码芯片完成对图像及声音的压缩和动态录像的回放。此类摄像机拍摄的图像既可传送给个人电脑，也可以加到 Web 站点的主页上，或者附在电子邮件中发送，故也被称为 Web 摄像机。它将是未来应用的主流。例如，瑞典 AXIS2120 内置了 WebServer，从而可在任何 TCP/IP 网络环境下一插即用，通过 Internet 或 LAN 网作实时影像传送，实现远端监控。

从技术上而言，围绕着摄像机的各种组成要素，包括摄像机的体积大小和外观、成像感应方式、分辨率、灵敏度、智能化程度(白平衡、逆光补偿、电子快门、同步方式、数字化处理、屏幕显示、自动增益等)、一体化水平、安装使用方式等诸多要素的千变万化，不断有新产品推出。

当前，摄像机自身最突出的进步表现在：①低照度和夜视性能有很大的提高；②微型化方面进展迅速；③网络传输功能大有提高。

五、高速公路监控系统摄像机选型原则及示例

高速公路光照度变化大，气候条件恶劣，其监控用摄像机要能够全天候工作，所以选用摄

像机一般要遵循以下原则：

（1）高线数（480 线以上）的工业标准摄像机。

（2）低照度（≤0.1lx）。最低照度小于 0.01lx，在黑夜光照度较低的情况下，也能够获得清晰的图像效果。

（3）采用大尺寸 CCD（一般是 1/2 英寸 CCD）。由于 1/2″摄像机标靶尺寸比 1/3″摄像机的标靶尺寸大，因此成像效果更为优良。

（4）具有超宽动态拍摄功能。能在高反差以及照明突变的情况下，快速、精确地进行响应，从而获取高质量的影像画面。

（5）具有超级降噪技术，能够消除动态图像噪点、图像阴影和拖尾现象。特别是在解决由车头灯造成的路面交通监控或停车场监控问题时，低拖尾度尤其重要。

（6）采用工业级器件，具有良好的全天候工作能力，长期运行稳定可靠。

（7）要有防护罩和防雷保护装置。

目前高速公路上实际应用比较多的是 JVC 公司的产品。例如 JVC 的 TK-C1480BEC/TK-C1481BEC。这款摄像机主要用于道路监控高速行驶的来往车辆以及抓拍高速行驶的车辆车牌。由于拥有了比较大的宽动态范围和白峰翻转功能（或叫日蚀功能），解决了普通摄像机长久以来在高速公路上因为环境和车辆产生的强光抓拍不清楚的问题。

在常德—张家界高速公路上就采用了大约 193 套 JVC 公司生产的摄像机，分别用来作为车辆检测专用摄像机、收费站广场专用摄像机和收费亭内半球型摄像机。图 2-1-8 所示为一款 JVC 枪型摄像机。

图 2-1-8　JVC 的 TK-C1480BEC/TK-C1481BEC 摄像机

JVC TK-C1480BEC/TK-C1481BEC 的主要功能和技术参数：

（一）主要新功能

新开发的 DSP（数字信号处理器）具有扩展动态范围（ExDR）功能，可在光线明亮和黑暗的地方进行拍摄。

运动检测功能可检测图像中的运动并发出告警信号。

（二）技术指标

视频制式：PAL 制

成像部件：1/2″IT CCD，752（H）×582（V）

同步系统:内同步/同步锁定
水平分辨率:480 TV lines
视频输出:复合视频信号
Y/C 输出:Y/C 视频信号(4 针)
视频信噪比:50dB(AGC 关闭的情况下)
最低照度:0.3lx(F1.2,25% AGC 20dB)或0.005lx(F1.2,25% AGC 20dB,32X Slow Shutter)
通信:RS-422A 或 RS-485(双工),9600bit/s
镜头接口:C/CS mount 接口
电源供应:TK-C1480BEC,12V 直流或者24V 交流;TK-C1481BEC,220V 交流
工作电流:TK-C1480BEC,450mA;TK-C1481BEC,75mA
工作温度:-10~50℃(允许);0~40℃(推荐)
质量:TK-C1480BEC,600g;TK-C1481BEC,835g
电子快门:
　手动模式,1/50~1/10000s;
　自动模式,1/50~1/100000s

六、摄像机的连接

在不带云台的情况下,摄像机的连接一般包括视频信号线的连接和控制信号线的连接,控制信号线可以用来远程控制摄像机的光圈、对焦或其他工作状态。图2-1-9 和图2-1-10 给出的是TK-C1480BEC 摄像机、RM-P2580 控制器、录像机、监视器组成的一个小型监控系统的视频信号连接图及控制信号连接图。

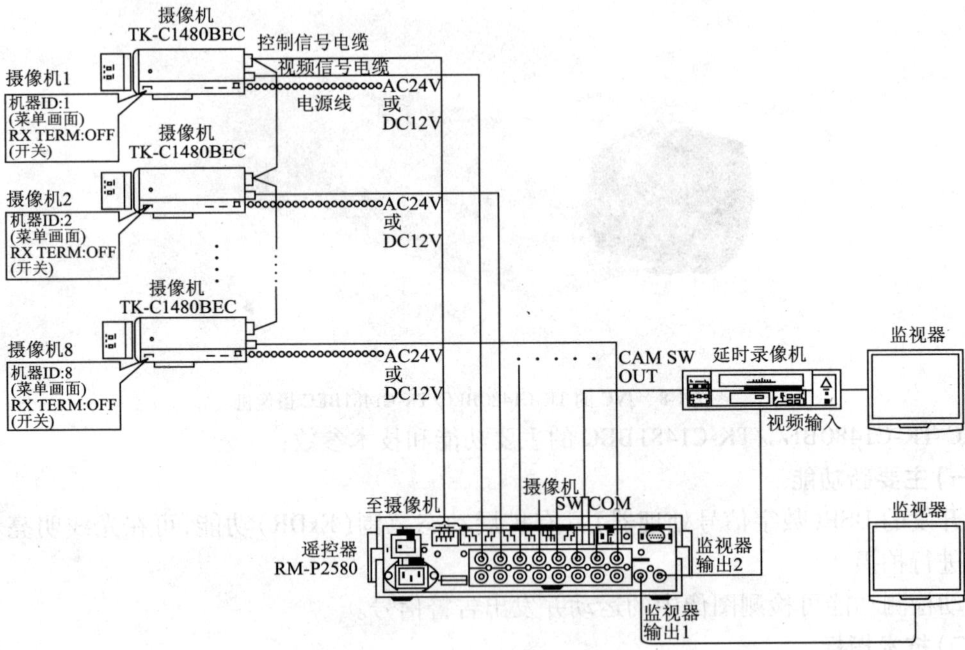

图2-1-9　摄像机视频信号连接示意图

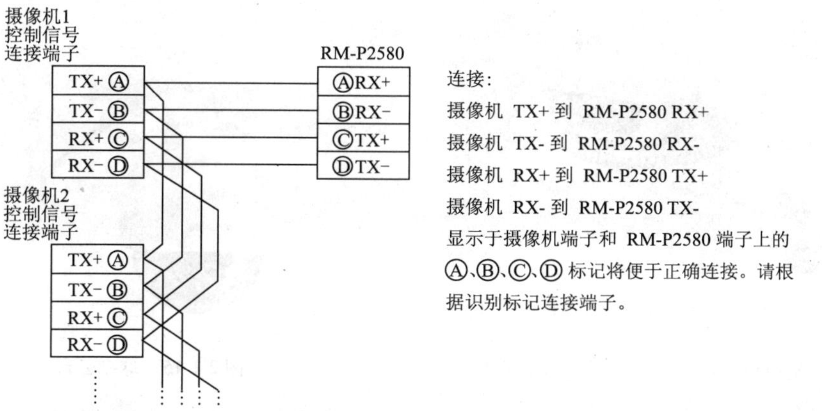

图 2-1-10 摄像机控制信号连接示意图

任务2 云 台 选 型

一、初 识 云 台

在视频监控设计中,云台是指能携带摄像机进行上下旋转或左右旋转或同时上下左右旋转的机电设备。图 2-1-11 ~ 图 2-1-15 所示为几种云台及云台加装摄像机。

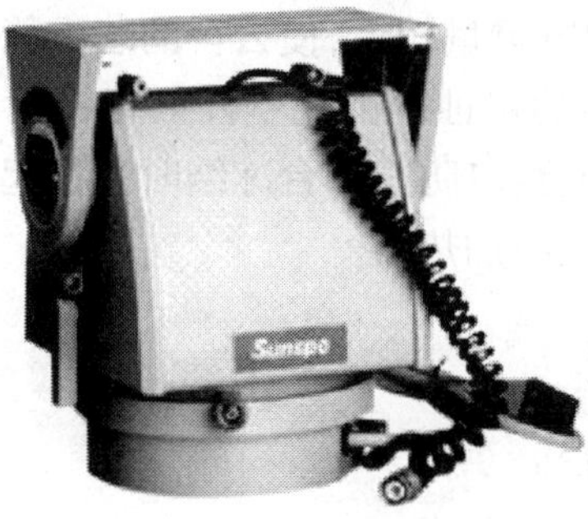

图 2-1-11 室内全方位云台

图 2-1-12 室外全方位云台

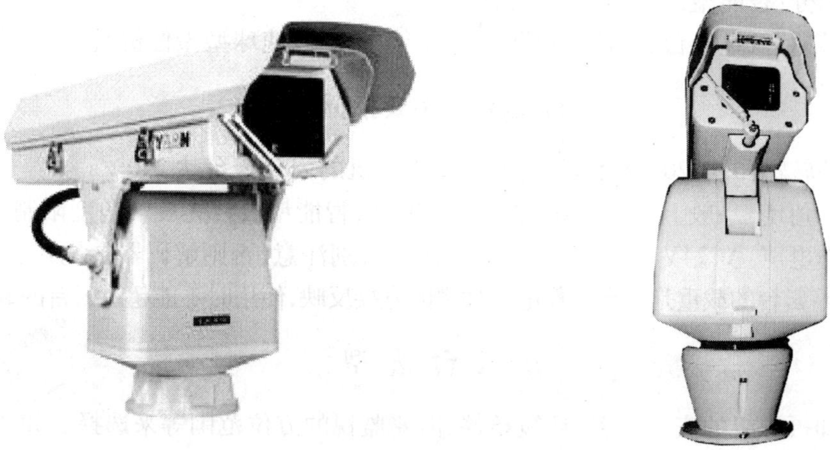

图 2-1-13 装上枪型摄像机的云台

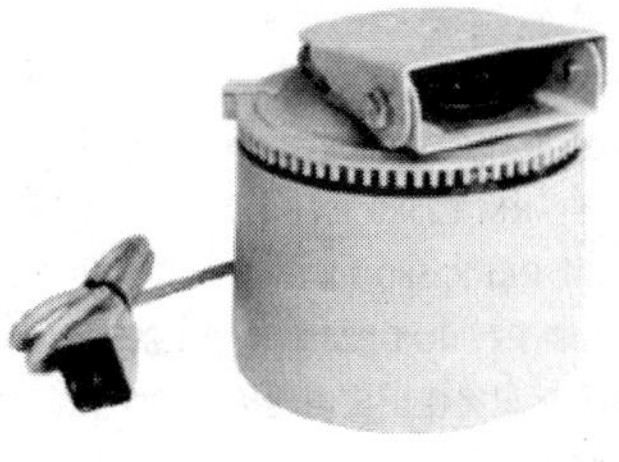

图 2-1-14　室内水平云台(也称为半球型云台)

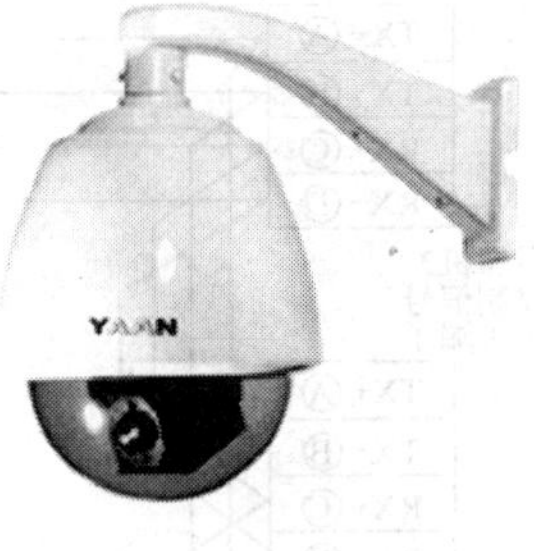

图 2-1-15　球型云台

二、云台的工作原理

全方位云台内部有两个电机,分别负责云台的上下和左右方向的转动。当接到上、下动作电压时,垂直电机转动,经减速器带动垂直传动轮盘转动;当接到左、右动作电压时,水平电机转动并经减速器带动云台底部的水平齿轮盘转动。

目前,云台一般都有水平和垂直的限位栓,云台分别通过两个微动开关实现限位功能。当转动角度达到预先设定的限位栓时,微动开关动作切断电源,云台停止转动。限位装置可以位于云台外部,调整过程简单;也可以位于云台内部,通过外设的调整机构进行调整,调整过程相对复杂。但外置限位装置的云台密封性不如内置限位装置的云台。

室外云台与室内云台大体一致,只是由于室外防护罩重量较大,使云台的载重能力必须加大。同时,室外环境的冷热变化大,易遭到雨水或潮湿的侵蚀。因此室外云台一般都设计成密封防雨型。另外室外云台还具有高转矩和扼流保护电路以防止云台冻结时强行起动而烧毁电机。在低温的恶劣条件下还可以在云台内部加装温控型加热器。

三、云台的分类

根据外观分类:普通型云台、半球型云台和球型云台。

根据使用环境:室内云台、室外云台和防爆云台。

根据安装方式:吸顶云台、侧装云台和吊装云台。

根据功能划分:智能型云台和普通型云台。

根据云台转速:低速云台、中速云台和高速云台(多为高速球型摄像机)。

四、云台的主要指标

云台旋转的转速:5 ~ 120°/s 不等,高速球型摄像机的内置云台达 240°/s。

云台旋转的角度:一般上下 0 ~ 90°,左右 0 ~ 350°,智能型云台无旋转角度限制。

云台的工作电压:AC24V 和 AC220V 等,使用时特别注意,否则解码器会烧毁。

云台的载重:云台的载重是云台工作电机功率的直接反映,使用时不能超过云台的载重规定。

五、云 台 选 型

根据云台和摄像机的安装位置、环境条件、需要监视的方位范围等来选择。如球型云台一般没有刮水器,一般不挂装红外灯,不太适合室外和需要挂红外灯的场合。

六、云 台 安 装

云台安装在“监控设备操作工实务”课程里有讲述。考虑到目前一体化的云台摄像机比较常用,故在后续任务里通过两种有代表性的一体化云台摄像机的安装调试来进行训练。

任务3　认识前端解码器

当监控系统中存在多个需要控制的摄像机和云台时,就需要用解码器。解码器是一种终端控制设备,通过它可以控制前端云台的上、下、左、右转动和自动水平转动、自动线扫,还可以控制前端镜头的光圈、聚焦及摄像机电源的打开和关闭。

解码控制是指在控制室内操纵监控系统主机(一般是矩阵或硬盘录像机),通过通信网络控制解码控制器,再由解码控制器经多芯电缆将控制电压加到被控设备上。

每个解码控制器上都有一个8~10位的拨码开关,它决定了该解码器的编号(即ID号),因此在使用解码器时首先必须对该拨码开关进行设置。

解码器的种类较多,包括室内解码器、室外解码器、多协议解码器、曼码(AD、AB、WISH)解码器、经济型解码器等。图2-1-16所示分别为室外和室内解码器。

a)

b)

图2-1-16　解码器
a)室外;b)室内

任务4　摄像机、云台、刮水器与解码器接线

一、连 接 原 则

每一款云台、摄像机与解码器的连接方式都是不太一样的,要参阅其说明书,但是万变不离其宗,有一些共性的东西是可以参考的。

一般云台有6根线:上(U)、下(D)、左(L)、右(R)、自动(A)、公共(C)。

摄像机有4根线:变倍(Z)、聚焦(F)、光圈(I)、地(G),对那些自动光圈的镜头,也就少一根线。

刮水器有2根线。

只需要将云台、摄像机和刮水器的各线与解码器对应的接口连接即可。即把解码器上的云台接线端(L、R、U、D、C、A)与云台上的对应(L、R、U、D、C、A)端口连接,如图2-1-17所示;把解码器上的镜头接线端(F、Z、I、G)与摄像机上相对应的(F、Z、I、G)接线头连接,如图2-1-18所示;把解码器上的刮水器接线端与刮水器对应的接线连接,如图2-1-19所示。

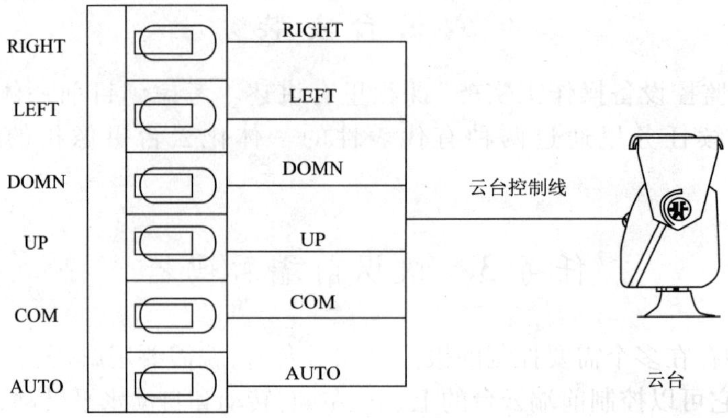

图 2-1-17 解码器与云台的连接

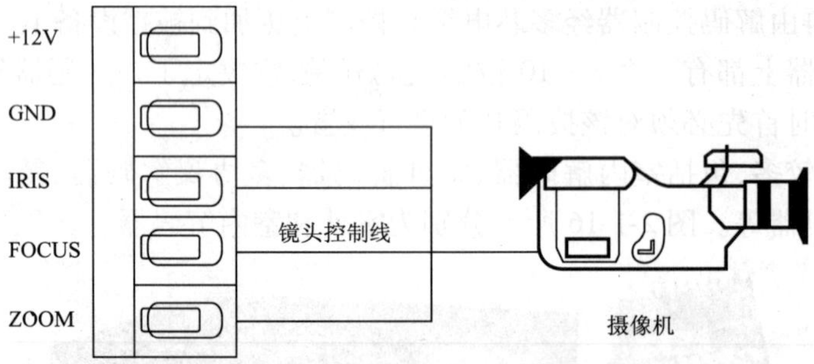

图 2-1-18 解码器与摄像机的连接

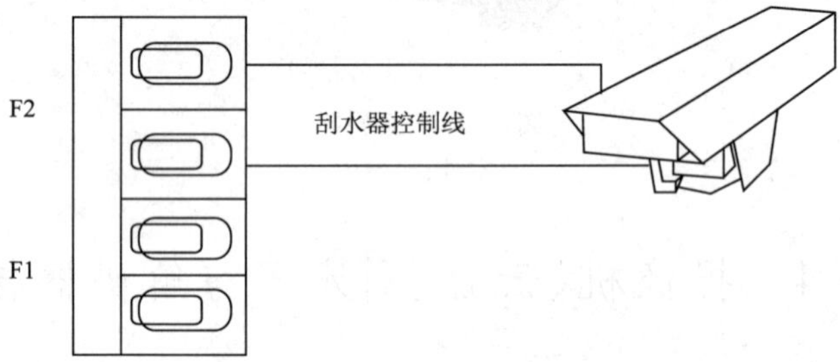

图 2-1-19 解码器与刮水器的连接

解码器到控制主机(例如硬盘录像机)比较简单,就是用两芯线,解码器的 485A、485B 与硬盘录像机的 485A、485B 连接即可,如图 2-1-20 所示。

这只是线路连接,还需要在解码器及硬盘录像机上设置通信协议、波特率、地址才能控制。

在一个工程里,所有解码器、硬盘录像机的协议、波特率都要设置成一样的,常用协议包括 PECLO-D 或者 PECLO-P,波特率一般设置成 2400、4800 或 9600,解码器说明书上关于拨码设置都有详细说明,每款解码器不一样。

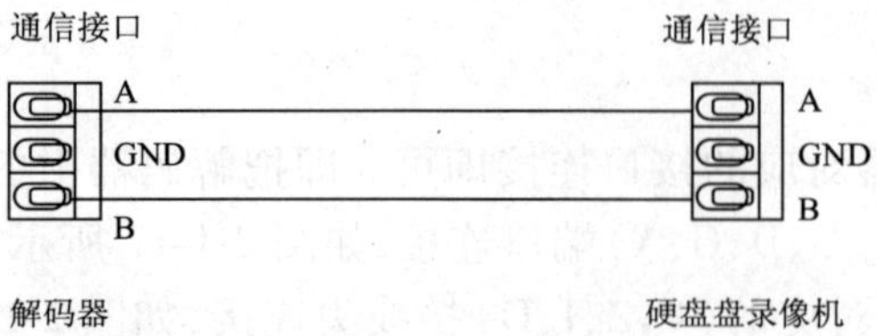

图 2-1-20 解码器与控制主机(硬盘录像机)的连接

每台解码器的地址不能设置成一样的,一般从 1 开始设置,一直顺延。

前端解码器设置好后,在硬盘录像机上也要

进行设置，某台解码器对应的摄像机的视频接在哪个接口，就将这一路的云台设置成相应的协议、波特率、地址码即可。

二、实际工程连接图纸

下面给出高速公路实际应用的较有代表性的摄像机、云台、刮水器、光端机、解码器、防雷装置等全套安装连接图纸，如图 2-1-21 ~ 图 2-1-25 所示。其中涉及光端机，有关光端机的内容在后续项目中学习。

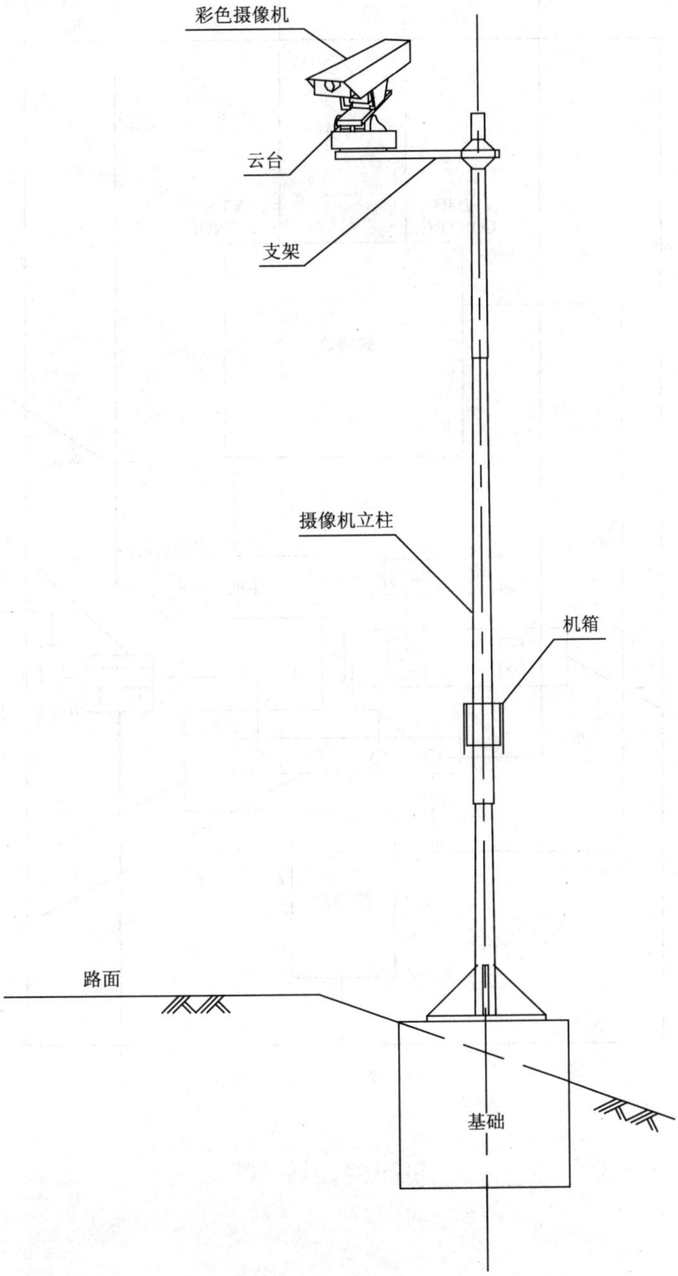

图 2-1-21　外场摄像机、云台立柱安装图

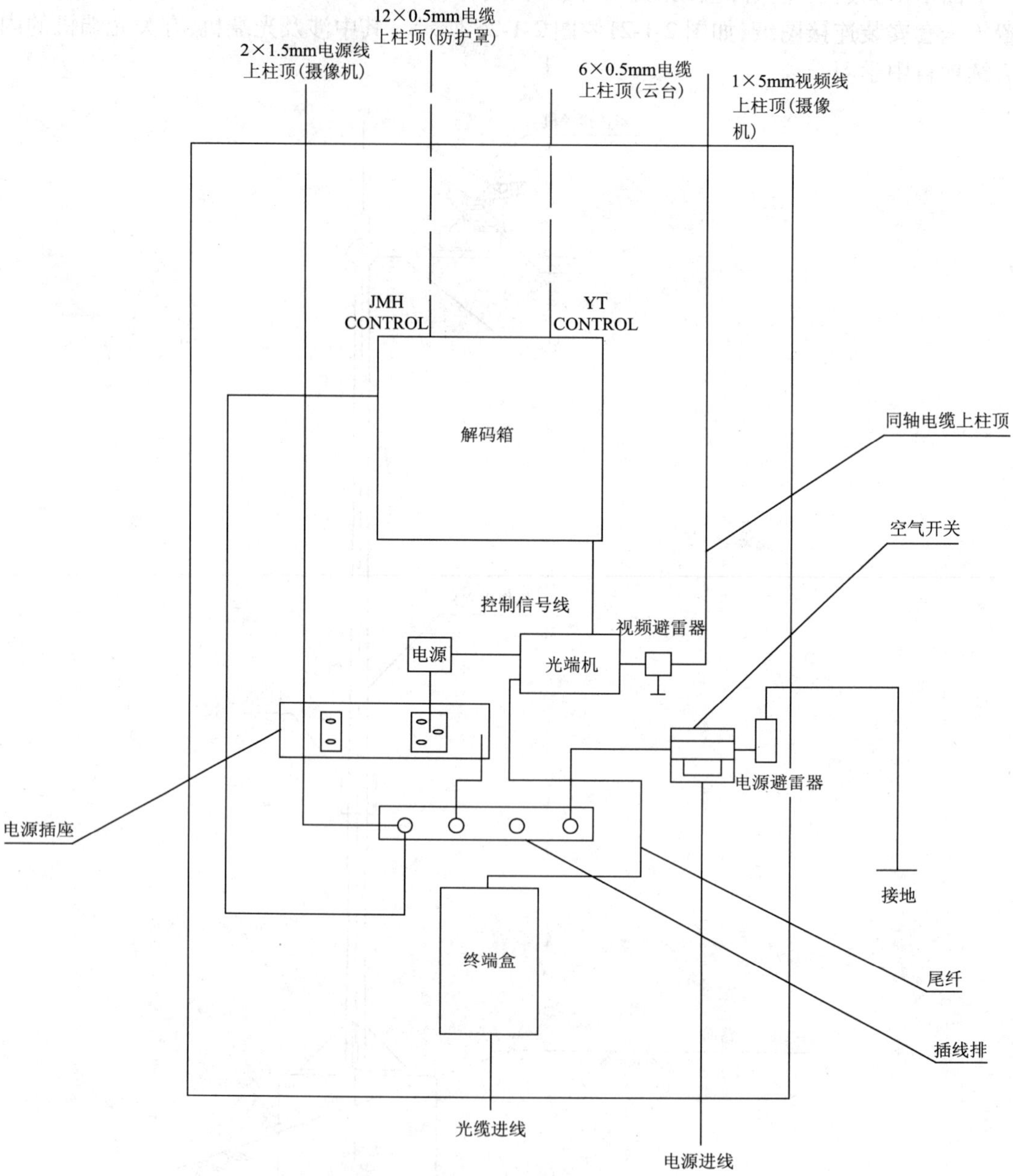
12×0.5mm电缆
上柱顶(防护罩)
2×1.5mm电源线
上柱顶(摄像机)
6×0.5mm电缆
上柱顶(云台)
1×5mm视频线
上柱顶(摄像
机)
JMH
CONTROL
YT
CONTROL
解码箱
同轴电缆上柱顶
空气开关
控制信号线
视频避雷器
电源
光端机
电源避雷器
电源插座
接地
终端盒
尾纤
插线排
光缆进线
电源进线

图 2-1-22　设备箱图

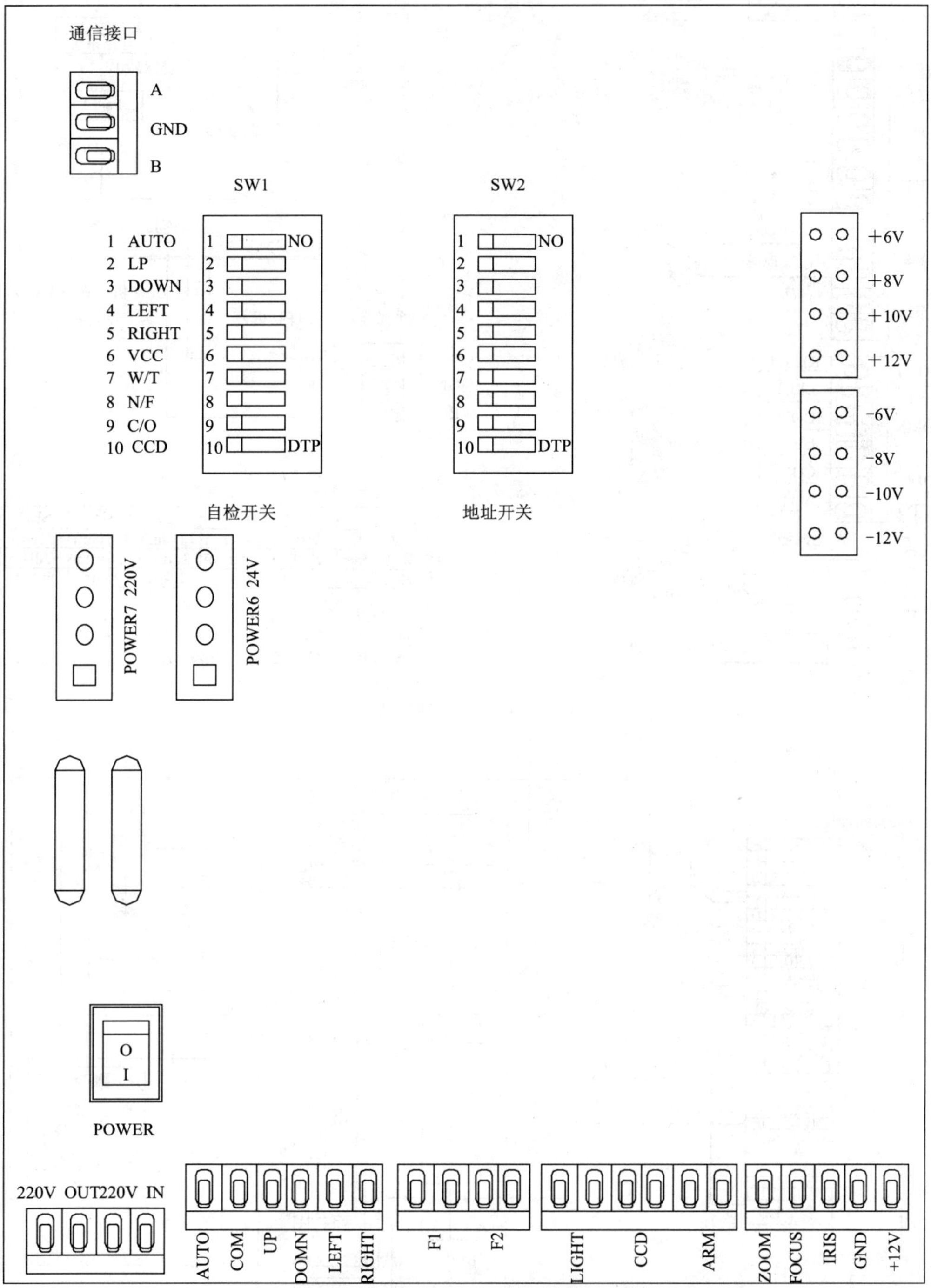

图 2-1-23 解码器内部放大图

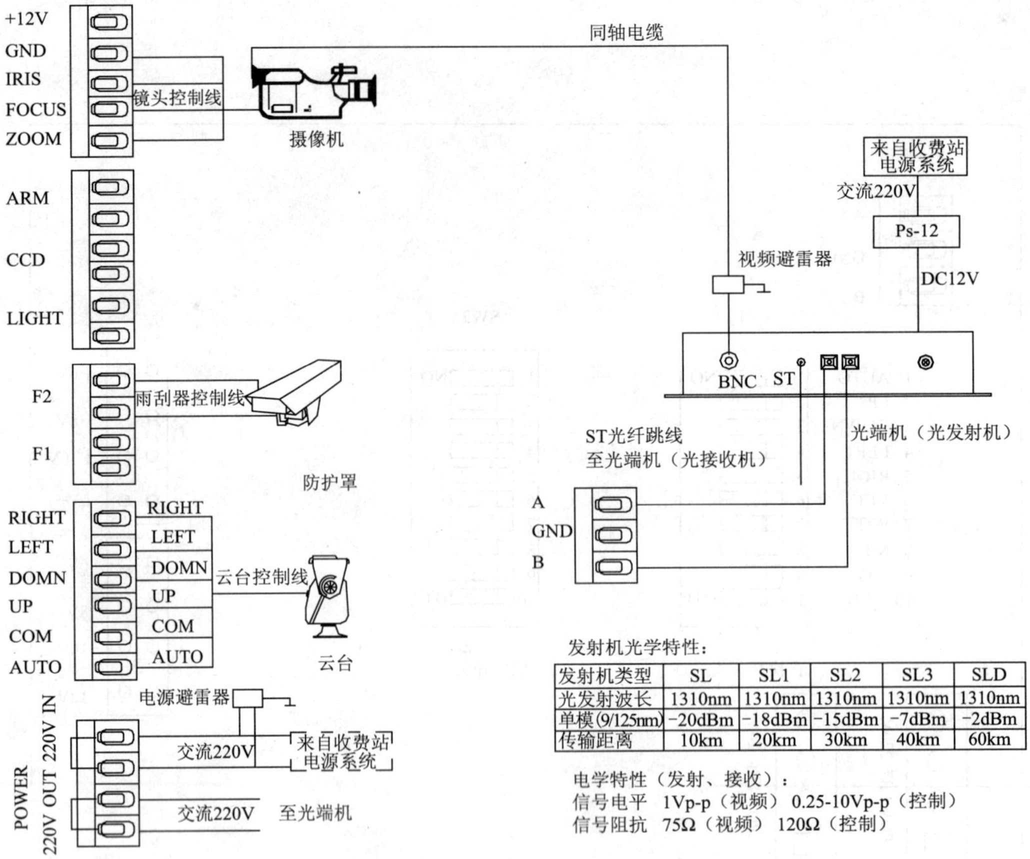

发射机光学特性：

发射机类型	SL	SL1	SL2	SL3	SLD
光发射波长	1310nm	1310nm	1310nm	1310nm	1310nm
单模(9/125nm)	-20dBm	-18dBm	-15dBm	-7dBm	-2dBm
传输距离	10km	20km	30km	40km	60km

电学特性（发射、接收）：
信号电平　1Vp-p（视频）0.25-10Vp-p（控制）
信号阻抗　75Ω（视频）120Ω（控制）

图 2-1-24　解码器连接图

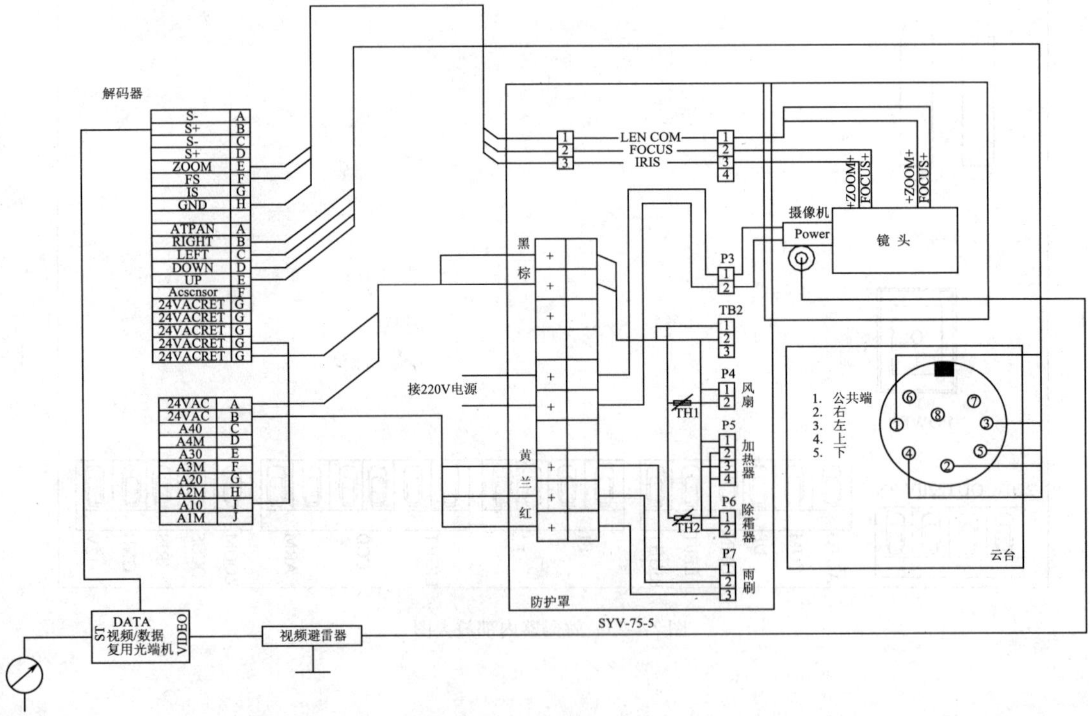

图 2-1-25　摄像机、解码器、云台、刮水器、避雷器等全连接图

任务5　一体化云台摄像机安装调试

细节在“监控设备操作工实务”课程中有讲述，本课程给出两种一体化云台摄像机的使用说明书（电子版），供训练时参考。

任务6　编写某收费站用监控摄像机、云台选型报告

学生分组独立完成，通过答辩方式进行考核打分。

任务7　完成联调

在实训室内完成摄像机、云台、刮水器与解码器、硬盘录像机的连接及调试，能够进行控制。

学生分组独立完成，通过现场查看连接准确情况进行考核打分。

任务8　创新思维训练

对高速公路监控这样的应用场合，摄像机技术应该做什么改善？

子项目2-2　模拟视频传输子系统的实现

【子项目描述】

能力目标

- ■ 能进行同轴电缆的分线、接线，包括视频分配器的使用。
- ■ 能够做光端机的选型和接线。
- ■ 能够做解码器的接线。

相关支撑知识

- ■ 视频传输机制知识。
- ■ 光端机指标知识。
- ■ 解码器知识。

训练方式、手段及步骤

- ■ 完成光端机的选型报告。
- ■ 画出摄像机、光端机、解码器、视频分配器的接线图，完成接线。

考核标准

- ■ 选型报告合理。
- ■ 接线图画得正确。
- ■ 光端机工作正常。

任务1　选用视音频线缆、控制线缆

一、视频电缆及其接插件

视频电缆宜选用75Ω的聚乙烯绝缘实心同轴电缆，其结构如图2-2-1、图2-2-2所示。按照国家标准GB/T 14864—1993，通常使用的电缆型号为SYV-75-3和SYV-75-5，编织网一般为铜丝(有线电视一般用SYWV-75物理发泡聚乙烯绝缘同轴电缆，编织网一般为铝镁合金丝)。工作温度允许在－40～＋65℃范围内，主要参数如表2-2-1所示。

SYV-75-3和SYV-75-5主要技术参数　　表2-2-1

型　号	内导体根数/直径(mm)	绝缘外径(mm)	电缆外径(mm)	标称衰减200MHz(dB/m)	标称特性阻抗(Ω)
SYV-75-3	1/0.51	3.0±0.15	5.0±0.2	0.28	75±3
SYV-75-5	1/0.75	4.6±0.2	7.1±0.2	0.16	

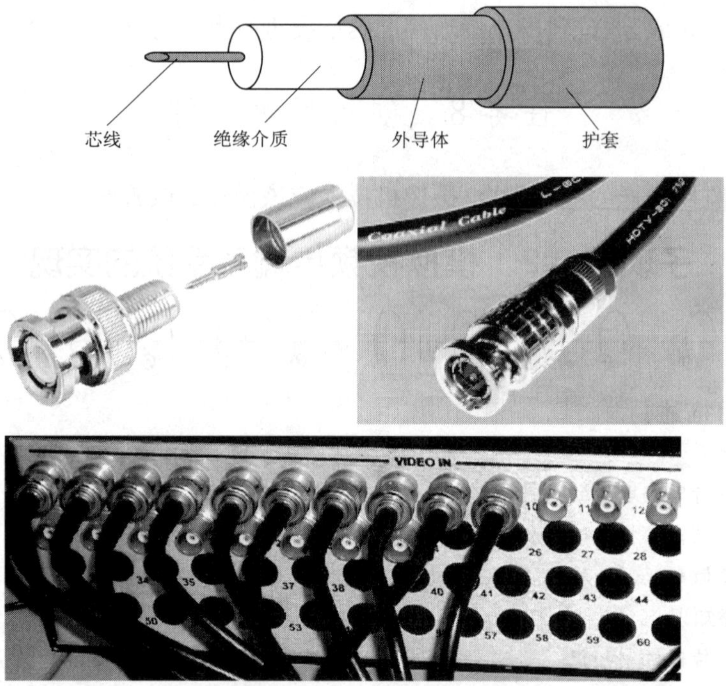

图2-2-1　视频电缆及接插件分解示意图

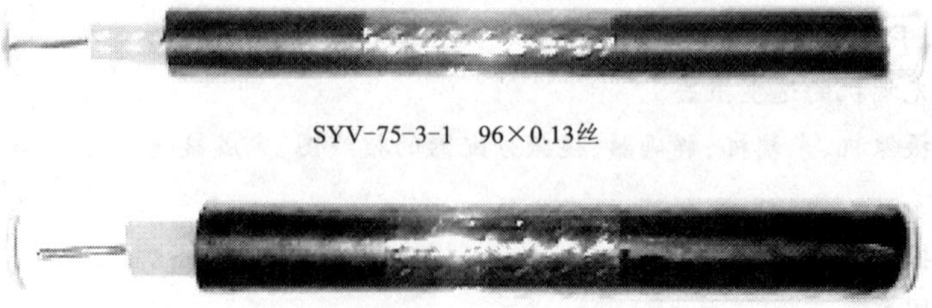

图2-2-2　视频电缆样本照片

二、音频线缆及其接插件

通常选用 2 芯屏蔽线，线缆的结构与控制线缆基本相同，只是芯线为两芯，且外面多了一层屏蔽层。常用的型号有 RVVP-2/0.3 或 RVVP-2/0.5（按 GB 5023.5—1997 的规定，RVVP 是铜芯聚氯乙烯绝缘屏蔽聚氯乙烯护套软电缆）。通常为 RCA 莲花接头和插座。音频线缆及接插件如图 2-2-3 所示。

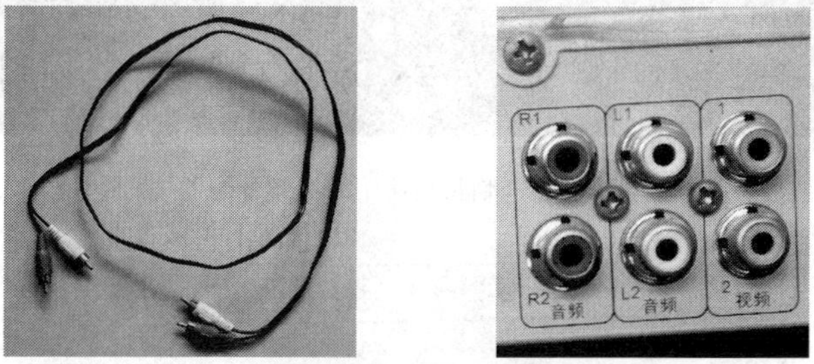

图 2-2-3　音频电缆及接插件

要注意的是，这里的音频线缆是指传输 1V 信号的标准电平信号线。如果有功放和音响，则连接功放和音响的音频线要选用截面积大、电阻低的强信号线，一般是多股绞合的铜线或银线。

三、控制线缆及其接插件

常用的控制电缆大多采用 6 芯电缆或 10 芯电缆，如 RVV-6/0.2、RVV-10/0.12 等（按 GB 5023.5—1997 的规定，RVV 是指轻型聚氯乙烯护套软线或普通聚氯乙烯护套软线）。图 2-2-4 是控制电缆及接线定义。

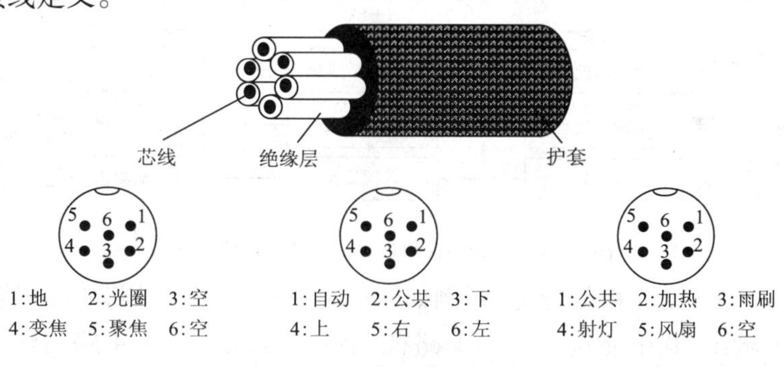

图 2-2-4　控制电缆及接线定义

四、通信线缆及接插件

常用的有双绞线、光纤、电话线及其对应的接插件。这部分内容在“通信系统集成”课程里讲述。

任务 2　选用视频（音频）分配器

一、初识视频（音频）分配器

视频（音频）分配器的作用就是把一路视频（音频）输入信号分成两路或多路输出，分别供给多台设备同时使用。通常用来把摄像机传来或经光端机传来的 1 路视频信号同时分配给视频矩阵的输入和视频硬盘录像机的输入。图 2-2-5、图 2-2-6 所示为两种分配器。

图 2-2-5　临长高速用的视频分配器

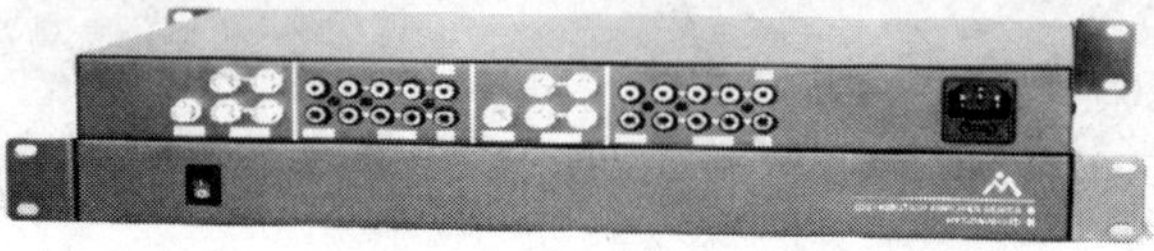

图 2-2-6　HYT-DAV0104D 双路 1 分 4 音视频分配器

二、视频(音频)分配器原理

一分四视频音频分配器工作原理如图 2-2-7 所示。在这种视频音频分配器中,1 路视频和 1 路音频(左右两声道)信号接到分配器内部的输入处理电路,然后经放大电路输出到 4 路输出接口上。

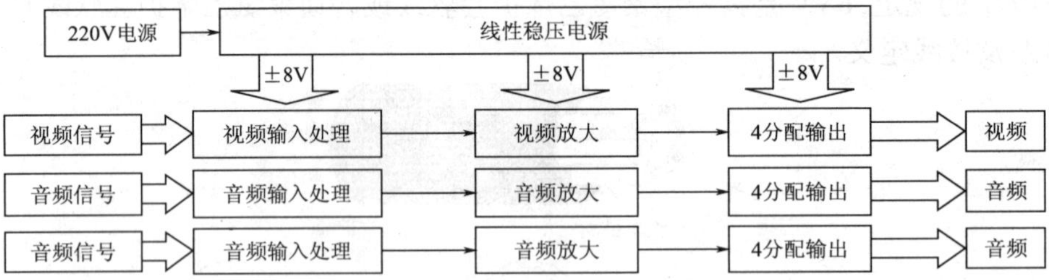

图 2-2-7　一分四视频音频分配器工作原理图

此外还有多输入(通道)视频分配器,例如四通道视频分配器是将 4 路视频信号分配为 8/12/16 路视频信号输出,其中能每通道的 1 路视频输入分配为 2/3/4 路与输入完全相同的视频输出,供其他视频处理器使用。多输入视频分配器减少了单个分配器的数量,能减少设备体积,提高系统的稳定性。

三、视频分配器在监控系统中的位置

视频分配器在监控系统中的位置一般位于前端摄像机和监控中心的视频矩阵、硬盘录像机之间,如图 2-2-8 所示。实际应用中也可能是 1 分 3、4,或者是多通道的集成式视频分配器。

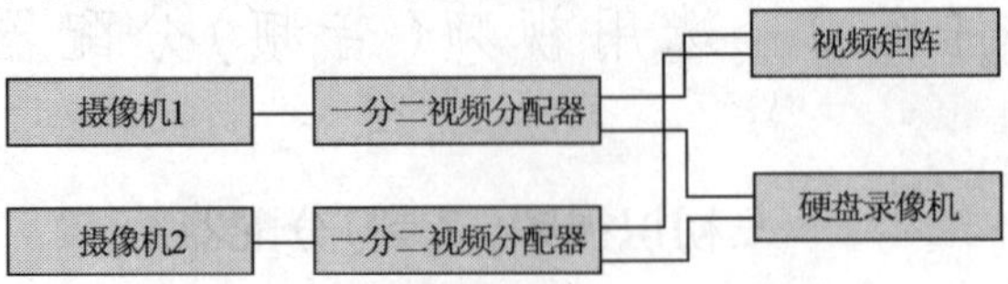

图 2-2-8　视频分配器在监控系统中的位置

四、VGA 视频分配器和 DVI 视频分配器

VGA 视频分配器传输模拟信号，通常用来把电脑显示卡的视频输出分配到显示器和投影仪上，多用于多媒体教室和会议室。图 2-2-9 所示为 VGA 视频分配器及连接线。目前大多数计算机与外部显示设备之间都是通过模拟 VGA 接口连接，计算机内部以数字方式生成的显示图像信息，被显卡中的数字/模拟转换器转变为 R、G、B 三元色信号和行、场同步信号，信号通过电缆传输给显示设备。

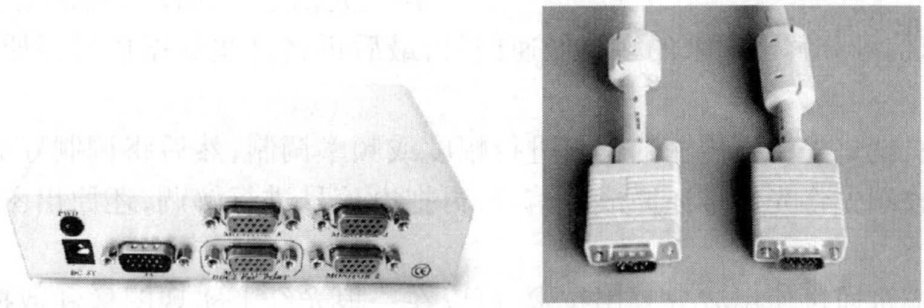

图 2-2-9　VGA 视频分配器及连接线

DVI 视频分配器传输数字信号，用来把一路数字视频信号分配给 2 个或多个接收数字信号的视频显示设备。图 2-2-10 所示为 DVI 视频分配器。

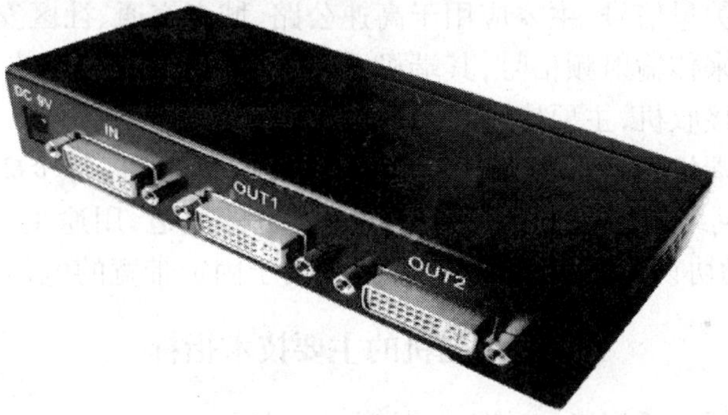

图 2-2-10　DVI 视频分配器

五、实 操 要 求

最后要求实际试用一个视频分配器。

任务 3　选用光端机

一、初识光端机

如何把视频信号传输到远程的监控室，如何把控制信号从监控室远程传输到云台和摄像机？要解决这些问题，需要两种设备：一是光端机和光纤，二是解码器。本任务只介绍光端机，解码器放在另外的任务中介绍。

光端机是光通信系统中的传输设备，主要是进行信号的光电转换及传输，如图 2-2-11 所示。光端机在电信、监控、工业控制、视频传输等场合有着广泛的应用。

图 2-2-11　1 路单向视频 +1 路双向音频 +1 路双向数据的光端机

按照介质上传输的信号方式的不同，光端机分模拟光端机和数字光端机。按传输介质的不同有单模光端机和多模光端机之分。

数字光端机是先将所要传输的图像、语音以及数据信号进行数字化处理，再将这些数字信号进行复用处理，使多路低速的数字信号转换成 1 路高速信号，并将这一信号转换成光信号。在接收端将光信号还原成电信号，还原的高速信号分解出原来的多路低速信号，最后再将这些数据信号还原成图像、语音以及数据信号。

模拟光端机就是先将要传输的信号进行幅度或频率调制，然后将调制好的电信号转化成光信号。在接收端先将光信号还原成电信号，再把电信号进行解调，还原出图像、语音或数据信号。

现在的光端机通过使用波分复用技术，可以在一根光纤上实现图像和数据信号的双向传输，即在一根光芯上同时发送和接收光信号，互不干扰，节约了光纤芯数。

按应用领域，光端机分为监控用光端机、广电用光端机、电信用光端机等。

监控用光端机用来传输视频信号（如普通摄像机输出的就是视频信号），并同时能辅助传输音频、控制数据、开关量信号，主要应用于高速公路、城市交通、社区安防等监控领域。

广电用光端机用来传输射频信号，其端机采用非点对点传输，它在光路中直接做分支，可由一个发射机对多个接收机，主要应用在有线电视的光传输领域。

电信用光端机其端机每个基本通道为 2M，又俗称 2M 端机，每个 2M 通道可传输 30 路电话或传输 2M 带宽的网络信号。它只是一个固定带宽的通道，用途主要取决于和光端机相连的配套设备，其支持的协议为 G.703 协议，主要应用于固定带宽的电信光通信领域。

二、光端机的主要技术指标

光端机的技术指标包括视频、音频、数据等三个方面。

（一）视频指标

视频主要技术指标有：输入/输出电平、阻抗、带宽、信噪比、微分增益、微分相位等。

输入/输出电平、阻抗和带宽在监控领域都有标准可遵循。

视频输入输出：1Vp-p；阻抗：75Ω；

带宽：10Hz～10MHz（特殊应用要求除外）。

下面解释一下另外几个指标。

（1）信噪比（S/N）：信号和噪声的比值。此项值越高越好，在直观上图像有雪花、飘动状干扰图案，有规则的细斜纹图案等都属信噪比较低，在信噪比上数字光端机一般能达到 67dB，而模拟光端机一般不超过 60dB。

（2）微分增益（DG）：其指标主要影响彩色信号的饱和度，视频信号的 DG 失真是指系统的增益特性随输入信号的电平而变化。通俗地说，由于亮度消隐电平变到白电平时，在视频通道输出端产生色度信号幅度的变化，这样，在亮的部分和暗的部分，其彩色饱和度、色调（尤其是饱和度）有不同的变化。数字光端机 DG≤1%，而模拟光端机 DG≤3%。

（3）微分相位（DP）：其指标主要影响彩色信号的色调，视频信号的 DP 失真是指系统的相移特性随输入视频信号而变化。传输线路上的相移量随不同亮度电平而变化，则色同步和色副载波之间相移就起变化，于是画面亮的部分和暗的部分的色调就不同。数字光端机 DP≤0.70，而模拟光端机 DP≤30。

(4)编码位数(只在数字光端机中体现)：一般为 8 位、10 位和 12 位，位数越高采样量越大，图像质量也就越好，但是数据通信量也就会随之大幅增加，对传输介质的带宽要求也就越高。

(5)传输视频的路数：如：1 路、2 路、4 路、8 路、16 路、32 路等。

(二)音频指标

音频部分的指标有：带宽、阻抗、输入输出电平、最大输出功率、信噪比和非线性失真等。

音频还分单向音频和双向音频。单向音频一般用来在监控中传输拾音器的信号，它只是把音频信号从前端传回控制中心；双向音频则还可以把控制中心的音频信号传给前端设备。

(三)数据接口指标

光端机的数据接口主要与其连接的通信设备有关：

(1)数据接口标准：RS-232、RS-422、RS-485 等，以太网光端机有以太网接口。

(2)数据编码格式：Manchester、Bi-phase、双相制。

(3)数据传输速率：1200bit/s、2400bit/s、4800bit/s、9600bit/s、11520bit/s。

(4)工作模式：单式、半双工或全双工。

三、光端机的选型

首先要进行系统需求分析，确定各种信号的路数，考虑是否复用，即可得出各信息点应使用哪种或哪几种型号的光端机、光端机的数量、光端机所占光纤芯数，使系统配置更为合理，性价比更高。具体来说，要考虑以下几个方面：

(一)用模拟还是数字光端机

在要求图像传输的实时性很高的场合，采用模拟光端机比较好。在实时性要求不太高，要求多路图像复用一条光纤传输的场合，采用数字光端机较好。

(二)用单模还是多模光纤

传输距离比较远的时候，用单模光纤，比较近就用多模光纤。

(三)光端机的视频路数

光端机的视频路数有：1 路、2 路、4 路、8 路、16 路、32 路、48 路等，监控系统常用 1 路视频的。

(四)光端机的音频路数

光端机的音频路数有：1 路、2 路、3 路、4 路等；音频方向有：反向、同向、双向；音频类型有：平衡与非平衡两种。监控系统常用的是 1 路与视频同向的音频；视频会议用光端机则是双向音频。

(五)光端机的数据接口

光端机的数据接口主要用来传输监控室对前端的控制信号、前端给监控室的报警信号等，光端机的数据路数有：1 路、2 路、3 路、4 路等；数据接口类型有：RS-232、RS-485、RS-422、TTL 等；数据传输方向有：反向、同向、双向；数据传输速率(bit/s)：2400、4800、9600 等。其中以 1 路反向数据光端机较为常用。

（六）光纤链路的损耗计算

在做光端机选型时可能要了解光纤链路的损耗，这对以后的工程安装是有好处的。一般来说，光纤链路熔接完毕之后都有一个测试报表，记录所有的光纤链路损耗数据。也可以由以下经验公式计算：

光纤链路损耗 = 光缆长度 × 光缆每千米传输损耗值 + 3dD

850nm 波长在光缆传输中损耗值为 3dB/km。

1310nm 波长在光缆传输中损耗值为 0.35dB/km。

1550nm 波长在光缆传输中损耗值为 0.25dB/km。

四、光端机在监控系统中的典型接法

图 2-2-12 为某视频光端机（一个发送一个接收）的面板；图 2-2-13 所示为光端机在监控系统中的典型接法。

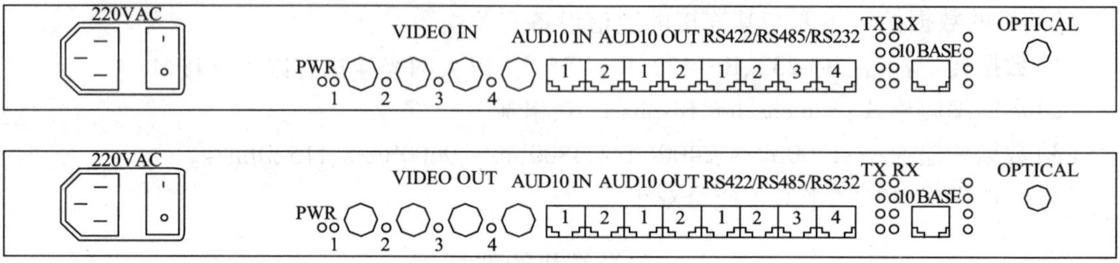

图 2-2-12　视频光端机面板

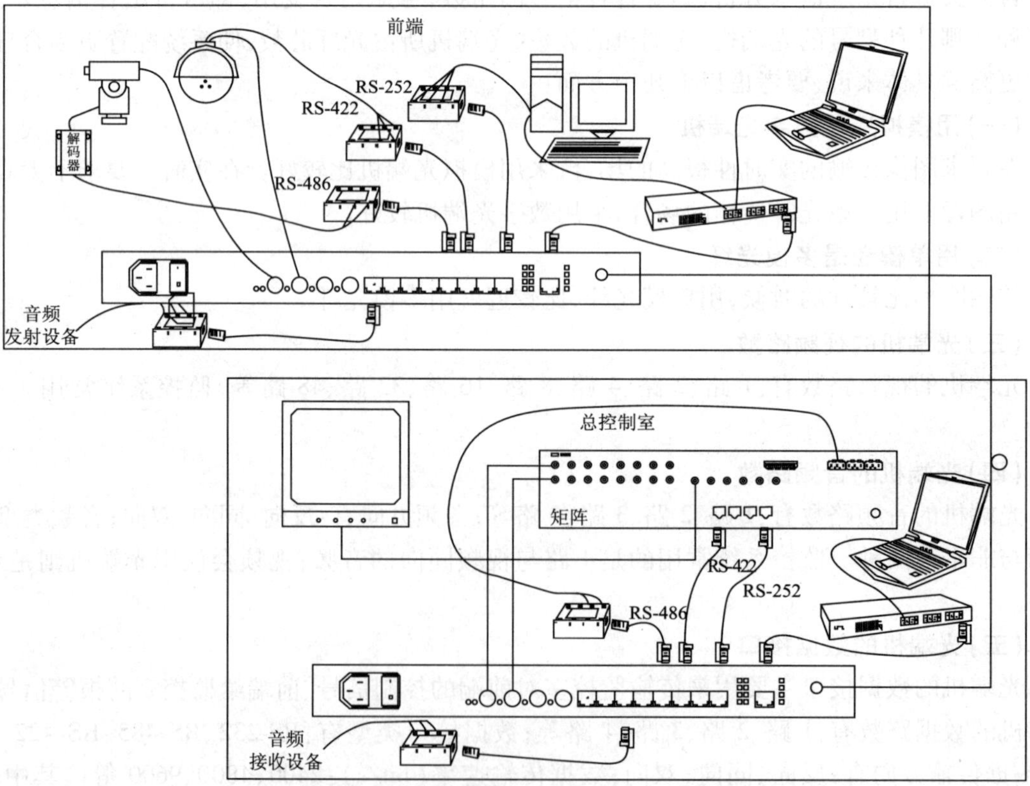

图 2-2-13　视频光端机在监控系统中的位置

五、实 操 要 求

最后要求实际调试接通一对视频光端机，把远端的摄像机视频图像显示到监控室的监视器上。

任务 4　完成视频采集和视频传输两个子系统的合并

视频采集和视频传输两个子系统合并后，就基本可以理清信号传输的过程：

视频电信号从前端摄像机送到前端光端机，转变为光信号后以点对点无压缩方式传到监控站的后端光端机，后端光端机把经过光电转换输出的视频信号送视频分配器，由其分配给视频矩阵、嵌入式硬盘录像机，由视频矩阵输出到监视器墙。

控制信号由视频控制矩阵或硬盘录像机送给监控站内的光端机，再传到前端的光端机，前端光端机再送给解码器，解码器完成对云台和镜头的控制。

信号传输示意图如图 2-2-14 所示。

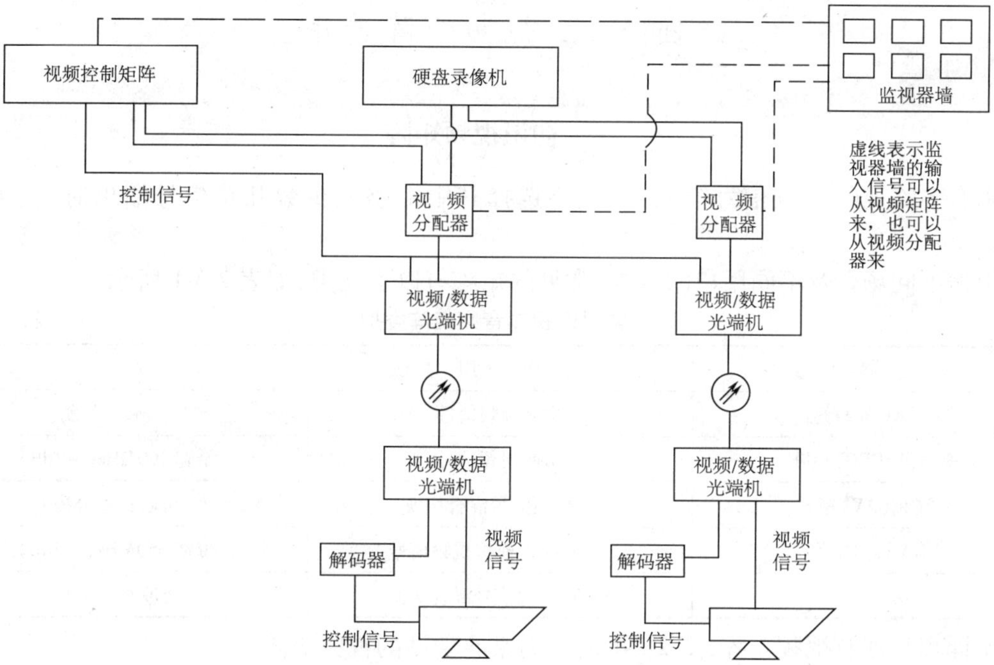

图 2-2-14　基本的视频信号传输示意图

任务 5　创新思维训练

光纤以太网链路一般需要两根光芯，一根用于发送，另一根用于接收。视频/数据光端机在 1 根光芯上就可以传输 1 至多路视频信号和反向数据，是怎么做到的？光纤以太网是否可以借鉴？

子项目 2-3　视频切换及控制台子系统的实现

【子项目描述】

能力目标

■ 能够完成视频矩阵、控制台的选型、连线、调试。

相关支撑知识

■ 视频矩阵、控制台原理、功能、接口、性能指标。

训练方式、手段及步骤

■ 分组在监控实训室完成矩阵、控制台的连接、调试。

考核标准

■ 调试通过，能够看到切换和控制效果。

任务 1　视频矩阵选用

一、初识视频矩阵

当有多路视（音）频信号输入，而只要选择其中 1 路或少数几路信号输出时，就需要矩阵了。

根据不同场合及不同用户的需求，常见的矩阵有以下几类，如表 2-3-1 所示。

常见的视频音频矩阵类型　　表 2-3-1

类　　型	功　　用	其　　他
音频（AUDIO）矩阵	切换音频信号	平衡、非平衡
视频（VIDEO）矩阵	切换视频信号	带宽 100MHz（ -3dB）
音视频（AV）矩阵	音视频信号混合切换	可联控或分控
VGA 视频矩阵	切换 VGA 模拟视频信号	带宽 350MHz（ -3dB）
VGA/A 矩阵	VGA、音频信号混合切换	可联控或分控

本课程只涉及视频矩阵，图 2-3-1 所示为某收费站的视频矩阵。

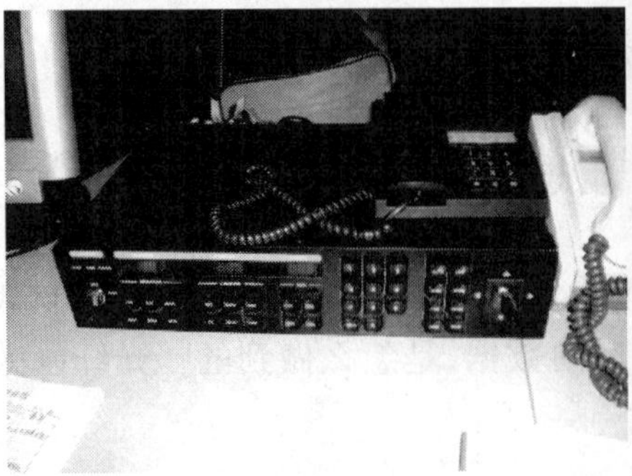

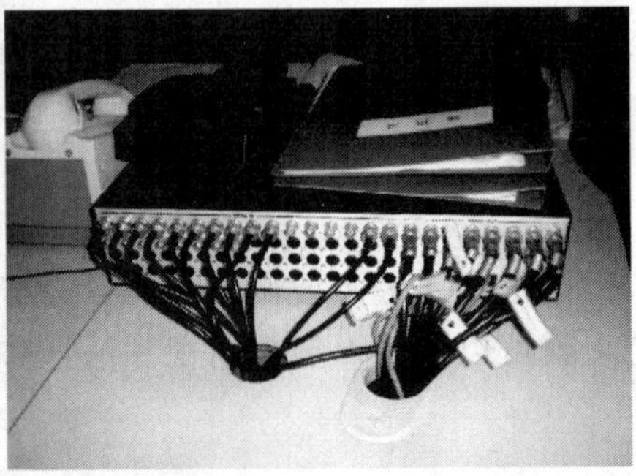

图 2-3-1　某收费站监控室视频矩阵

二、视频矩阵原理

视频矩阵（切换器）内有由时序产生电路和切换控制电路组成的时序开关系统，开关系统按一定时间顺序依次开启和闭合各开关，完成选择任务，其中选择的顺序和显示时间，在一定范围内可以人为加以选择控制，其开关系统原理如图 2-3-2 所示。

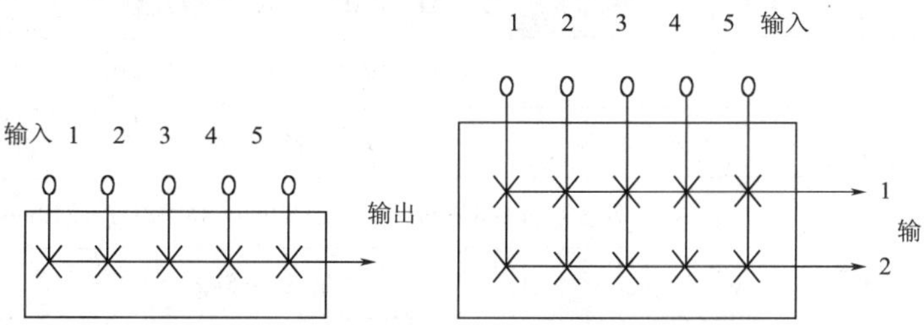

图 2-3-2　视频矩阵内部的开关系统原理图

视频切换器工作方式有以下两种：

（1）手动切换：人工选择显示某路视频信号。

（2）自动切换：预设切换时序，多路视频按预设程序顺序切换，切换延时时间可以调节。

通常还将系统控制单元与视频矩阵切换器集成为一体，通过通信总线对指定地址的前端设备（云台、电动镜头、刮水器、照明灯或摄像机电源等）进行各种控制。

表 2-3-2 给出某典型 AV 矩阵性能指标，供选型时参考。

某典型 AV 矩阵系统性能指标　　　　表 2-3-2

视频通道	输入、输出接口	BNC 接口
	带宽	100MHz（ -3dB）
	输入电平	0.5Vp-p 最小，2.0Vp-p 最大
	输入 I/O 阻抗	75Ω
	输出电平	1.0Vp-p 最小，2.0Vp-p 最大
	输出 I/O 阻抗	75Ω
	信噪比（S/N）	75dB
	微分增益	0.23%
	微分相位	0.20°
	K 系数	0.2%
	色、亮增益差	0.2ns
	色度亮度干扰	-62.5dB@5MHz
	回波损耗	-82dB@10MHz
	切换速度	小于 100ns
音频通道	输入、输出接口	3.81mm 端子插座
	带宽	1MHz
	增益	非平衡音频 0dB（可按需更改），平衡音频 6dB
	信噪比（S/N）	73.5dB 空载（1Vp-p）
	通道隔离	>76dB @1kHz
	输入阻抗	高阻，>47kΩ
	输出阻抗	47Ω

续上表

控制方式	面 板 控 制
	RS-232、RS-485(选配)、RS422(选配)
	红外遥控器(选配)控制
	LAMAR matrix 软件控制
产品规格	电源:交流 85 ~ 265V,50Hz/60Hz
	功率:25 ~ 100W
	外形尺寸:482mm(宽) × ≥89mm(高≥2U) ×240mm(深)
	质量:≥4.5kg
	平均故障间隔时间:50000h

另外,根据系统提供的通信协议和控制代码,用户还可以自行编写软件对其进行控制操作。

任务 2　控制键盘选用

一、初识控制键盘

控制键盘可控制各种协议的云台、镜头、视频矩阵,控制距离可以远达 1200m,一般有双串行通信口,每个串行通信口具有 RS-232 或 RS-485 两种通信方式供选择。发送口用于控制矩阵和云镜解码器或连接下级键盘,接收口用于接收上级计算机(如 DVR)或上级键盘的命令,接收口的 RS-232 方式一般为全双工透明串口,任何通讯速率和格式相符合的数据均可在接收口与发送口之间双向传送,RS-485 方式为半双工串口,即接收口收到数据再从发送口发出。图 2-3-3 所示为控制键盘。

图 2-3-3　控制键盘

二、控制键盘的几种连接方式

控制键盘有多种连接方式,下面列出几种,分别如图 2-3-4 ~ 图 2-3-7 所示。

(一)向下控制矩阵并间接控制云镜解码器

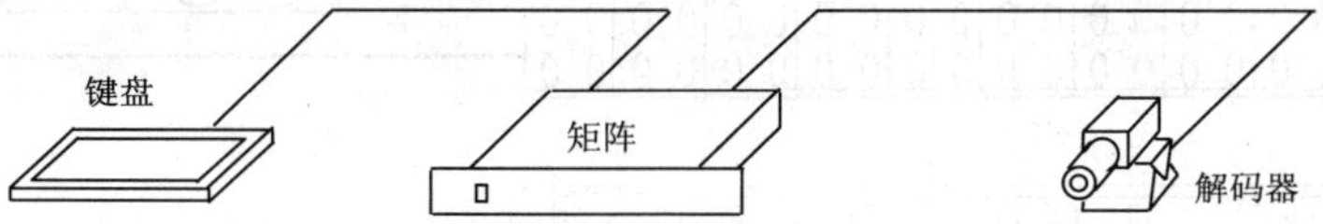

图 2-3-4 向下控制矩阵并间接控制云镜解码器

(二)向下控制矩阵并直接控制云镜解码器

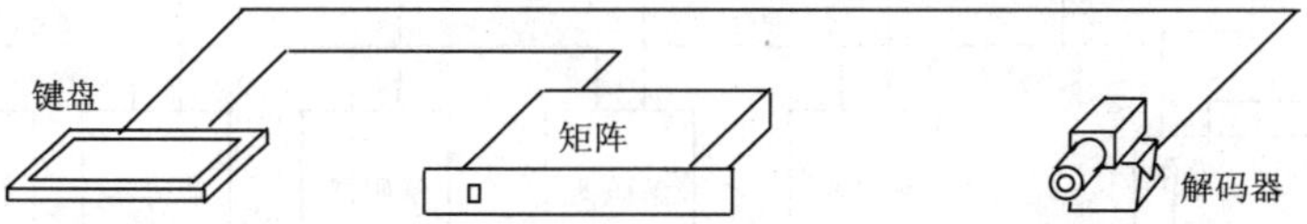

图 2-3-5 向下控制矩阵并直接控制云镜解码器

(三)向上连接计算机(DVR)

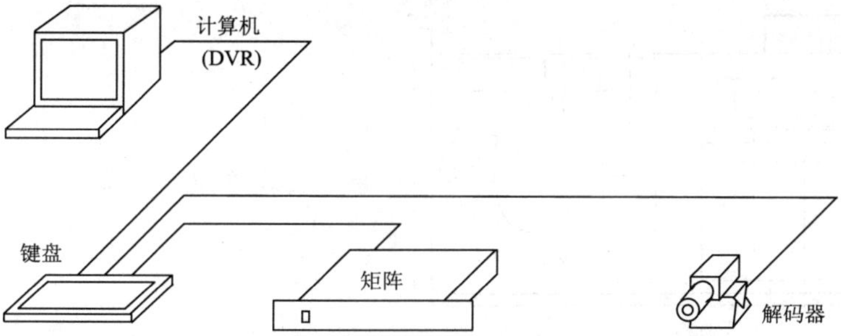

图 2-3-6 向上连接计算机(DVR)

(四)向上连接计算机(或 DVR)和 *N* 个上级键盘

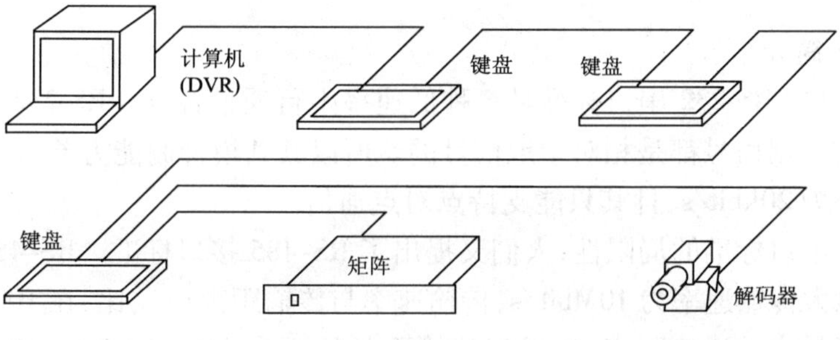

图 2-3-7 向上连接计算机(或 DVR)和 *N* 个上级键盘

以上图中键盘与键盘之间或键盘与计算机之间用 RS-232 方式连接时距离不大于 20m,大于 20m 时建议改用 RS-485 方式进行连接。

三、矩阵、键盘、解码器的接线

控制键盘、矩阵、解码器有多种连接方式,下面给出常用的一种连接方式,如图 2-3-8 所示。

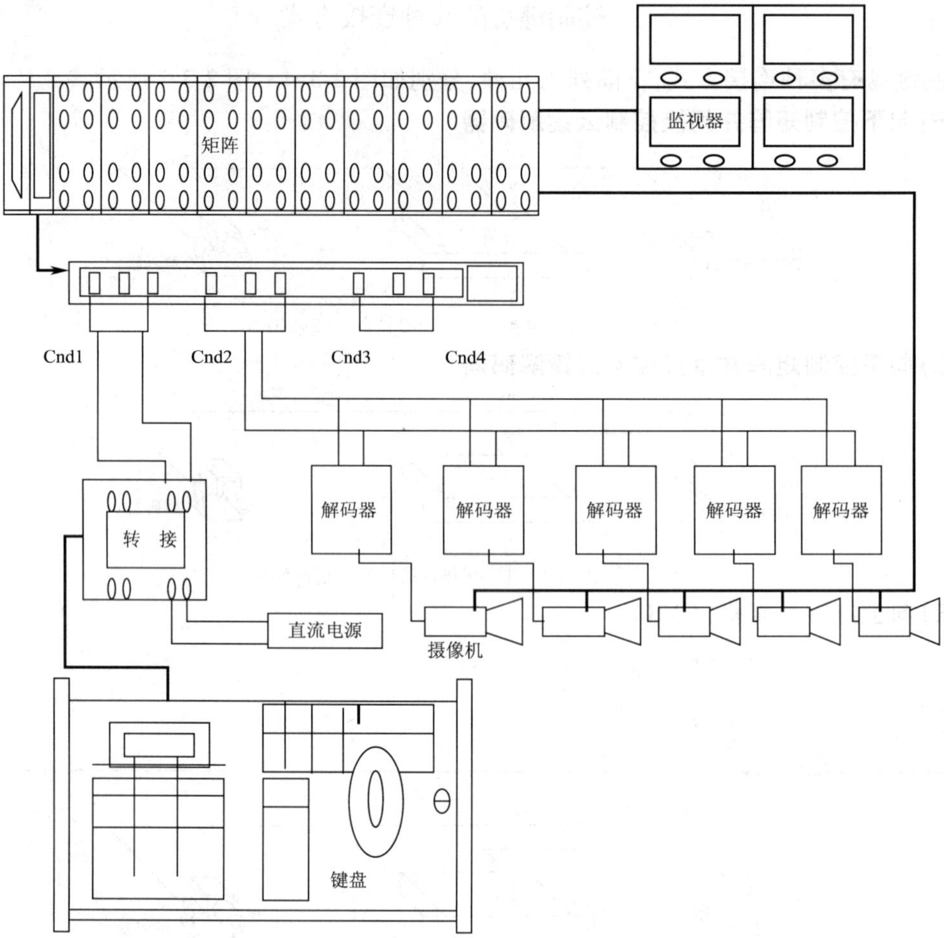

图 2-3-8 矩阵、键盘、解码器连接示意图

四、补充知识:RS-485

(一)RS-485 简介

计算机上常见的 RS-232 串口标准是一种低速率串行通信标准。RS-232 采取不平衡传输方式,其收发端的数据信号都是相对于地信号的。所以其共模抑制能力差,其传输距离最大约为 15m,最高速率为 20kbit/s,且其只能支持点对点通信。

针对 RS-232 串口标准的局限性,人们又提出了 RS-485 接口标准。RS-485 最大的通信距离约为 1219m,最大传输速率为 10Mbit/s,传输速率与传输距离成反比,在 100kbit/s 的传输速率下,才可以达到最大的通信距离,如果需传输更长的距离,需要加 485 中继器(一般的中继器每串接 1 个能够延长通信距离 1000m,超长距的中继器每串接 1 个可以延长通信距离 5000m)。RS-485 采用半双工工作方式,支持多点数据通信。RS-485 总线网络拓扑一般采用终端匹配的总线型结构。即采用一条总线将各个节点串接起来,不支持环形或星型网络。如果需要使用星型结构(多个控制主机控制多个对象),就必须使用 485 集线器才可以。RS-485/422 总线一般最大支持 32 个节点,如果使用特制的 485 芯片,可以达到 128 个或者 256 个节点,最大的可以支持到 400 个节点。

多个 RS-485 接口互连是非常简单的，只需将各个接口的"+"端和"+"端相连、"-"端和"-"端相连，如图 2-3-9 所示。

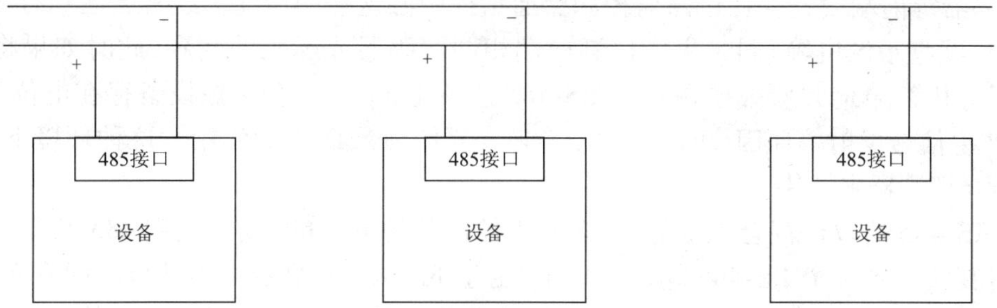

图 2-3-9　RS-485 总线示意图

连接各个节点的两根线就是 RS-485 的"物理总线"。这些相互连接的 RS-485 接口的物理地位完全平等，在逻辑上取一个为主导地位，其他为从属地位。在通信时，同样采用主呼叫，从应答的方式。

在用 RS-485 连接的主、从式通信网络中，常常用一台计算机（例如矩阵或控制键盘）作主机，对整个网络的通信进行管理。

（二）RS-485 协议转换器

有的矩阵或计算机只配 RS-232C 接口，若要采用 RS-485，一种方法是增加专门设计的 RS-485 接口板，另一种方法是加转换器。

图 2-3-10 所示为 RS-232/485 协议转换器，如果输入输出都是 RS-485 接口，就当 RS-485 中继器用了。

图 2-3-10　RS-232/485 协议转换器

（三）RS-485 混合识别器

在小型监控系统中，可以单独由矩阵主机、控制键盘主机、硬盘录像机等在监控系统中独立控制解码器等前端设备。在道路监控和交通指挥中心这样的情况下经常会遇到有多台设备（控制键盘、硬盘录像机等）同时集中控制前端相同解码器或球机的问题，此时如果将矩阵主机，硬盘录像机简单地并联式接在一个 RS-485 总线上，由于各个主控设备存在电位差及 RS-485 总线产生信号反射等原因，可能导致整个监控系统瘫痪而不能使用。这种环境下，多采用 RS-485 混合识别器来解决。

采用 RS-485 协议码混合识别器，将多个主控设备的 RS-485 线连接到 485 共享器的输入端口，通过其共享到一个 RS-485 输出端口上，由于 RS-485 共享器输入端口之间有光电隔离，并且采用独立驱动的方式，从而可以有效地解决电位差及信号反射问题，从而使得多个矩阵主机、硬盘录像机、控制键盘主机可以共存于一个监控系统中。RS-485 混合识别器还可自动对多个设备划分优先级，解决电视监视系统中总线冲突问题，改善因多种设备同时对摄像机进行控制所造成的控制混乱或控制失灵现象。该设备还可用于 RS-485 通信的信号增强，以延长通信距离。

下面是北京昊科视讯科技发展有限公司提供的解决方案，如图 2-3-11 所示。

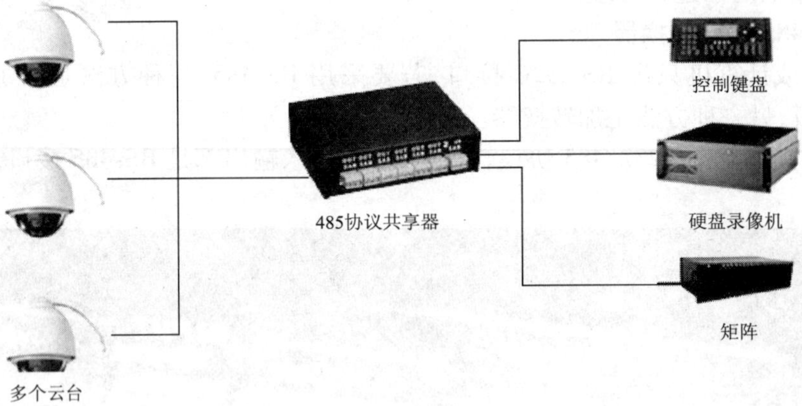

图 2-3-11　RS-485 混合识别器应用方案示意图

任务3　创新思维训练

RS-485 总线能够控制多少个节点？如果全省联网，超过了这个数目怎么办？

子项目2-4 视频显示子系统的实现

【子项目描述】

能力目标

- ■ 能够完成小型电视墙的布局设计、选型。

相关支撑知识

- ■ 监视器、电视墙知识。

训练方式、手段及步骤

- ■ 分组在监控实训室完成小型电视墙的安装调试。

考核标准

- ■ 安装调试通过、能够显示图像。

任务1 监视器选用

监视器和普通电视机结构基本相同。监视器的视频输入接口一般是BNC,普通家用电视机的视频输入接口是RCA。

选择监视器时主要考虑以下几个指标。

一、清晰度(分辨率)

清晰度是衡量监视器重现图像细节能力的指标。通常用监视器荧光屏上能够分辨的明暗相间的电视线(TVL)的极限数量来衡量。按照我国与国际上规定的标准及目前电视制式的标准,监控系统中对清晰度的最低要求是:黑白监视器水平清晰度应大于或等于400TVL;彩色监视器应大于或等于270TVL。

二、显示屏尺寸

和通常的电视机尺寸规格一样,其显示屏尺寸有21″、29″等。

某高速公路监控系统选用的日本JVC公司的彩色监视器TM-A210G,如图2-4-1所示,其

图2-4-1 JVC监视器的前后

技术指标如下：

（1）显示屏尺寸：54cm（21″）。

（2）制式：PAL/NTSC。

（3）水平分辨率：450 线。

（4）可选色温：6500K/9300K。

（5）视频输入：2 路复合视频输入（环通输出），1 路 Y/C（亮度/色度）输入。

（6）音频输入：2 路（环通输出）。

（7）可选屏幕宽高比 4∶3/16∶9。

（8）连接器类型：BNC。

任务2　显示墙布局

显示墙的布局通常是根据需要的监视器个数及大小，房间空间大小，有无地图板或投影屏幕等综合考虑的。下面是某分中心级和收费站级监控系统显示墙的实际布局照片，如图 2-4-2 和图 2-4-3 所示。

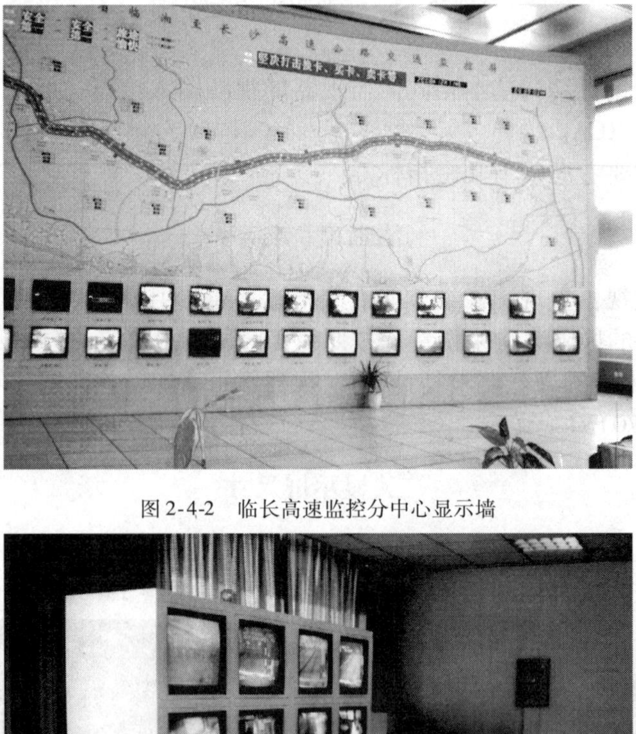

图 2-4-2　临长高速监控分中心显示墙

图 2-4-3　临长高速月型山收费站监控室电视墙

任务3　了解常见视频接口

一、RF 射频接口

普通电视机都有一个射频(RF)接口,用来与天线或传射频信号的闭路电视线连接,如图 2-4-4 所示。RF 接口传输的是视频和音频混合编码后的信号,显示设备的电路将混合编码信号进行一系列分离、解码,再输出成像。由于需要进行视频、音频混合编码,信号会互相干扰,所以它的画质输出质量是所有接口中最差的。有线电视和卫星电视接收设备也常用 RF 连接,但这种情况下,它们传输的是数字信号。

图 2-4-4　RF 射频接口

二、复合视频接口

复合视频接口也称 AV 接口,通常由一对音频接口(白色、红色)和一个黄色的视频接口组成。它通常采用 RCA(俗称莲花头)进行连接,如图 2-4-5 所示。AV 接口实现了音频和视频的分离传输,这就避免了因为音频视频混合产生干扰而导致的图像质量下降。但由于 AV 接口传输的仍然是一种亮度/色度(Y/C)混合的视频信号,仍然需要显示设备对其进行亮/色分离和色度解码才能成像,这种先混合再分离的过程必然会造成色彩信号的损失,色度信号和亮度信号也会有很大的机会相互干扰从而影响最终输出的图像质量。AV 还具有一定生命力,但由于 Y/C 混合这一不可克服的缺点而无法在一些追求视觉极限的场合中使用。

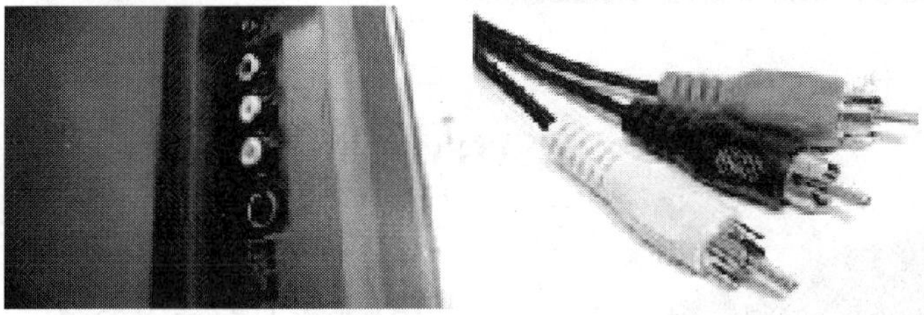

图 2-4-5　复合视频接口

三、S 端子(S-Video)

S-Video 的英文全称叫 Separate Video (也称二分量视频接口),通常采用标准的 4 芯(不含音效,两针接地,另外两针分别传输亮度和色度信号)接口或者扩展的 7 芯(含音效)接口,如图 2-4-6 所示。Separate Video 的意义就是将 Video 信号分开传送,也就是在 AV 接口的基础上将色度信号 C 和亮度信号 Y 进行分离,分别以不同的通道进行传输。由于使用各自独立的传输通道,在很大程度上避免了视频设备内信号串扰而产生的图像失真,提高了图像的清晰度。但 S-Video 仍要将两路色差信号(Cr、Cb)混合为一路色度信号 C 进行传输,然后再在显示设备内解码为 Cb 和 Cr 进行处理,这样多少仍会带来一定信号损失而产生失真(这种失真很小,但在严格的广播级视频设备下进行测试时仍能发现),而且由于 Cr、Cb 的混合导致色度信号的带宽也有一定的限制,所以 S-Video 虽然已经比较优秀但还不够完美。S 端子线的长度最好不要超过7m。

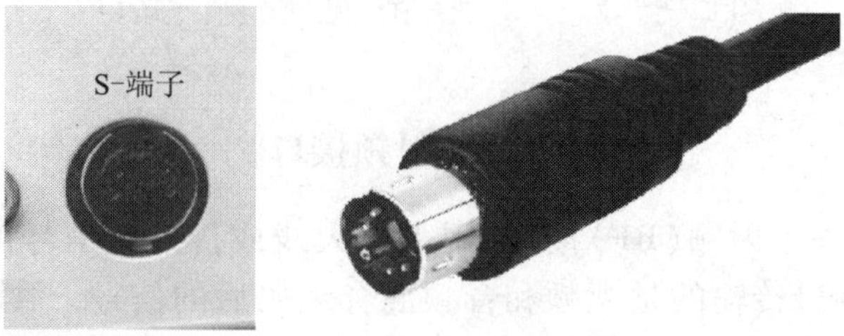

图2-4-6　S端子(S-Video)

四、色 差 接 口

色差接口通常标记为Y/Pb/Pr,用红、绿、蓝3种颜色来标注每条线缆和接口。绿色线缆(Y)传输亮度信号,蓝色和红色线缆(Pb和Pr)传输的是颜色差别信号,如图2-4-7所示。色差的效果要好于S端子,因此不少DVD以及高清播放设备上都采用该接口。如果使用优质的线材和接口,即使采用10m长的线缆,色差线也能传输优秀的画面。它是目前各种视频输出接口中最好的一种。

图2-4-7　色差接口

五、VGA接口

图2-4-8　VGA接口

VGA(Video Graphics Array)接口共有15针,分成3排,每排5个孔,是显卡上应用最为广泛的接口类型,绝大多数显卡都带有此种接口,如图2-4-8所示。通过它可以分别传输红、绿、蓝模拟信号以及同步信号(水平和垂直信号)。使用VGA连接设备,线缆长度最好不要超过10m,而且要注意接头是否安装牢固,否则可能引起图像中出现虚影。

六、DVI接口

DVI(Digital Visual Interface)接口与VGA不同的是,DVI可以传输数字信号,不用再经过数模转换,所以画面质量非常高,在高端图像工作站上常用。目前,很多高清电视上也提供了DVI接口,如图2-4-9所示。需要注意的是,DVI接口有多种规范,常见的是DVI-D(Digital)和DVI-I(Intergrated)。DVI-D只能传输数字信号,可以用它来连接显卡和平板电视。DVI-I则可以在DVI-D和VGA间相互转换。

a) b)

图 2-4-9 DVI 接口

a) DVI-D 接口；b) DVI-I 接口

七、HDMI 接口

HDMI(High Definition Multimedia Interface)接口是最近才出现的接口，它同 DVI-D 一样是用于传输全数字信号的，不同的是 HDMI 接口不仅能传输高清数字视频信号，还可以同时传输高质量的音频信号，如图 2-4-10 所示。HDMI 接口的功能与射频接口相同，不过由于采用了全数字化的信号传输，不会像射频接口那样出现画质不佳的情况。高质量的 HDMI 线缆，即使长达 20m，也能保证优质的画质。

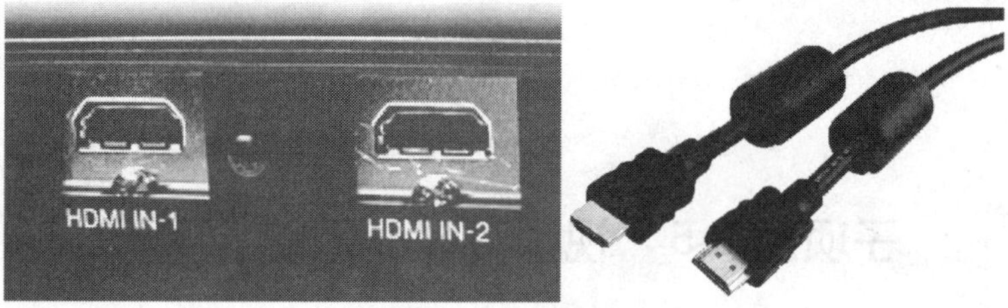

图 2-4-10 HDMI 接口

八、IEEE 1394 接口

IEEE1394 接口也称为火线或 iLink，它能够传输数字视频和音频及机器控制信号，具有较高的带宽，且十分稳定。通常它主要用来连接数码摄像机、DVD 录像机等设备，如图 2-4-11 所示。IEEE 1394 接口有两种类型：6 针的六角形接口和 4 针的小型四角形接口。6 针的六角形接口可向所连接的设备供电，而 4 针的四角形接口则不能。

九、BNC(同轴电缆卡环形接口)接口

BNC 接口主要用于连接高端家庭影院产品以及专业视频设备，它有 5 个连接头，分别传输红、绿、蓝、水平同步和垂直同步信号，如图 2-4-12 所示。BNC 接头可以让视频信号互相间干扰减少，可达到最佳信号响应效果。此外，由于 BNC 接口的特殊设计，连接非常紧，不必担心接口松动而产生接触不良。

图 2-4-11 IEEE 1394 接口

图 2-4-12 BNC 同轴电缆卡环形接口

需要注意的是,视频监控领域的视频矩阵、摄像机、视频编码解码器等上面的视频接口也是 BNC 接口,但是只有一个接头,如图 2-4-13 所示,其原理和复合视频接口是一样的,只是由莲花接口换成了 BNC 接口后连接紧了,不必担心接口松动而产生接触不良。

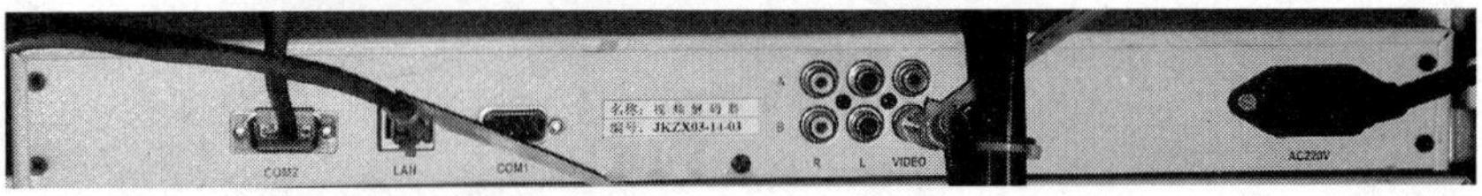

图 2-4-13　采用 BNC 形状的复合视频接口

任务 4　创新思维训练

能用普通电视机代替监视器吗?

子项目 2-5　视频存储子系统的实现

【子项目描述】

能力目标

■ 硬盘录像机选型、连接、操作。

相关支撑知识

■ 硬盘录像机功能、配置、性能指标。

训练方式、手段及步骤

■ 分组在监控实训室完成硬盘录像机接线、操作。

考核标准

■ 接线、存储操作正确。

任务 1　硬盘录像机的选用

一、初识硬盘录像机

监控到的视频图像通常需要存档,以备以后查找重放。现在最常用的视频存储设备就是硬盘录像机,它又称为 DVR(Digital Video Recorder)。

DVR 是一种数字化、智能化、网络化的监控记录设备。它可以实现监控系统的全部图像处理与控制功能,除了完成多路监视、录像、多画面处理、视频切换、遥控等模拟监控系统能实现的功能外,还具有硬盘存储、快速检索、网络传输与控制、密码保护等功能。

市面上流行的产品有 PC 平台 DVR 和嵌入式 DVR，嵌入式 DVR 在稳定性、可靠性、易用性等方面有“专业化”的优势。

PC 式硬盘录像机：这种架构的 DVR 以传统的 PC 机为基本硬件，以 Windows 或 Linux 为基本操作系统软件，配备图像采集或图像采集压缩卡，编制软件成为一套完整的系统。PC 机是一种通用的平台，由于硬件更新换代速度快，因而 PC 式 DVR 的产品性能提升较容易，同时软件修正、升级也比较方便。PCDVR 各种功能的实现都依靠各种板卡来完成，比如视音频压缩卡、网卡、声卡、显卡等，这种插卡式的系统在系统装配、维修、运输中很容易出现不可靠的问题，不能用于工业控制领域，只适合于对可靠性要求不高的办公环境。

嵌入式硬盘录像机：嵌入式 DVR 就是基于嵌入式处理器和嵌入式实时操作系统的嵌入式系统，它采用专用芯片对图像进行压缩及解压回放。此类产品没有 PCDVR 那么多的模块和多余的软件功能，在设计制造时对软、硬件的稳定性进行了针对性的规划，因此此类产品品质稳定，不会有死机的现象产生，而且在视音频压缩码流的储存速度、分辨率及画质上都有较大的改善。嵌入式 DVR 系统建立在一体化的硬件结构上，整个视音频的压缩、显示、网络等功能全部可以通过一块单板来实现，大大提高了整个系统硬件的可靠性和稳定性。图 2-5-1 所示为一款临长高速公路所用的嵌入式 DVR 的前后面板。

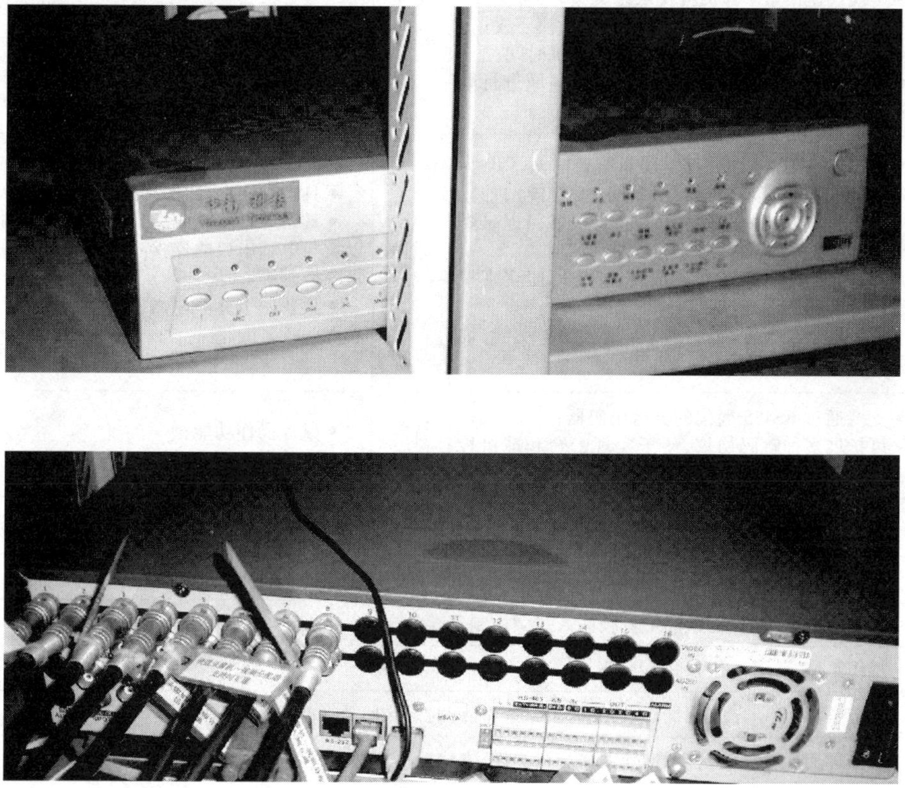

图 2-5-1　某型 DVR 前后面板

二、DVR 的功能特性与技术参数

不同厂家的 DVR 产品的功能特性和技术参数不尽相同，下面给出某典型 DVR 的功能特性和技术指标，如表 2-5-1 和表 2-5-2 所示，供选型时参考。

某典型 DVR 的功能特性表 表 2-5-1

实时监视	● 具备模拟输出接口和 VGA 接口,可通过监视器或显示器实现监视功能,其中 CIF 系列还支持辅助 TV 输出; ● 1 路、4 路、9 路、16 路多画面监视; ● 实时显示录像码流和每小时占用空间; ● 通道画面提示通道状态如录像、动态监测、视频丢失、监视锁定等; ● 本地可查看日志	存储功能	● 内置 1 ~ 4 个 IDE 接口,可挂接 1 ~ 8 块各容量硬盘; ● 硬盘工作管理采用非工作盘休眠处理,减少散热和功耗,延长硬盘寿命; ● 硬盘文件包括覆盖式循环记录和非循环记录; ● 存储数据采用专用格式,无法篡改数据,保证数据安全
压缩方式	● 视频压缩方式:MPEG4/H.264; ● 支持 1 路/2 路/4 路/8 路/12 路/16 路音频信号,每路音频信号由独立硬件进行实时压缩,声音与图像保持稳定同步	备份功能	● 通过 IDE 接口、USB 接口(如普通 U 盘及移动硬盘等,刻录光驱)进行备份; ● 客户端电脑可通过网络下载硬盘上的文件进行备份
录像放像功能	● 多工操作,每路实现独立权实时录像的同时可实现单路回放检索及倒放、网络监视、录像查询下载等; ● 多种录像模式:手动、定时、报警联动、动态监测录像等,其中动态监测外部报警更有预录功能; ● 网络可以回放硬盘录像机上记录的文件; ● 实现快速检索录像文件及录像类型分类检索; ● 多种回放模式:慢放、快放、倒放及逐帧播放; ● 回放录像时可以显示事件发生的准确时间; ● 单画面全屏回放时刻选择画面任一区域进行局部放大播放该区域的录像	网络操作功能	● 可通过网络进行远程实时监视; ● 云镜控制; ● 录像查询及实时回放; ● 系统设置参数的修改以及系统的软件升级; ● 远程的报警处理以及系统日志查看等功能; ● 采用嵌入式 TCP/IP 协议及嵌入式操作系统,可以直接通过 Windows 自带的 IE 浏览器访问; ● 管理模式:采用多级用户管理,密码方式确保合法用户可登录,灵活便捷根据需要设置不同权限的用户组及用户
报警联动功能	● D1/HD1 具备 8 路外部电压量报警输入,CIF 为 4/8/16 路接地报警输入(接地表示产生报警),并具备视频丢失报警、动态监测报警,报警设备可以是烟感探测器、温感探测器、红外探测器等; ● 具备多路继电器开关量报警输出,便捷实现报警联动及现场的灯光控制; ● 报警输入及报警输出接口皆具有保护功能,确保主设备不受损坏	通信接口	● 具备专用接口,实现报警输入和云镜控制; ● 具备 RS232 接口,可扩展键盘的连接实现主控,以及与电脑串口的连接进行系统维护的升级,以及矩阵控制等; ● 具备一个标准以太网接口,实现网络远程访问功能
云台控制功能	● 支持通过 RS485 通信的云台解码器; ● 可扩展多种解码协议,便于实现云台和球机控制功能	智能操作	● 鼠标操作功能; ● 菜单中对于相同设置可进行快捷复制粘贴操作

某典型 DVR(1-16 路)的技术参数表 表 2-5-2

	设备参数	CIF1 路	CIF2 路	CIF4 路	CIF8 路	CIF12 路	CIF16 路
系统	主处理器	高性能工业级嵌入式微控制器					
	操作系统	嵌入式 LINUX					
	系统资源	多工操作,可同时多路录像、同时录像回放、同时网络操作					
	操作界面	人性图形化菜单会话界面,支持前面板按键操作、鼠标操作、遥控器操作等多种操作方式					
	输入设备	前面板按键、鼠标操作、遥控器操作、网络模拟前面板					
	输入法	支持数字和英文大小写字符的输入,可扩展中文输入					
	快捷功能	菜单中对于相同设置可进行快捷复制粘贴操作:右键菜单列出了画面分割等常用功能;鼠标双击直接切换画面					
压缩标准	图像压缩	MPEG4/H.264					
	音频压缩	ADPCM/PCM					

续上表

	设备参数	CIF1 路	CIF2 路	CIF4 路	CIF8 路	CIF12 路	CIF16 路
视频	视频输入	1 路、2 路、4 路、8 路、12 路、16 路复合视频(NTSC/PAL) BNC(1Vp-p,75Ω)					
	视频输出	2 路 PAL/NTSC、BNC(1Vp-p,75Ω)复合视频信号输出;1 路 VGA 输出支持视频输出在 TV 和 VGA 之间切换					
	视频标准	PAL(625 线,50 场/s),NTSC(525 线,60 场/s)					
	视频记录速度	实时模式:PAL 每路 1 ~25 帧/s 可调和 NTSC 每路 1 ~30 帧/s 可调					
	画面分割	1 画面	1,4 画面		1,4,9 画面	1,4,9,16 画面	
	监视轮巡	–	支持				
	图像分辨率 PAL/NTSC	实时监视 D1　704 ×576/704 ×480 录像回放 CIF　352 ×288/352 ×240					
	图像移动侦测	区域设置:每画面可设置 192(16 ×12)个检测区域 检测灵敏度设置:区域可设置多级灵敏度					
	图像画质	图像画质 6 挡可调					
	区域覆盖	全屏内可设置任意大小的一块区域遮挡保护					
	画面信息	通道信息、时间信息、保密遮盖区域					
	视频回放	支持多种回放模式、多倍快放、单帧、多速慢放、倒放等					
	TV 调节	可调节每一路的 TV 输出的区域,以适应画面损失严重的 TV 监视器; 可设置 TV 输出的亮度和对比度属性等					
	通道锁定	保密通道监视画面,当蓝屏显示覆盖某一路的监视图像时,实际编码的图像仍为正常; 通道处于锁定,限制没有权限访问的用户查看当前通道,增强保密性					
	通道状态显示	可以通道画面的左下角显示通道名称、录像状态、通道锁定状态、视频丢失状态、动态检测状态等					
	颜色设置	设置每个通道的视频输入信号的色调、对比度、饱和度、增益					
音频	音频输入	1/2/4 路音频输入　200 ~1000mV10kΩ(BNC)			8/12/16 路音频输入 200 ~1000mV10kΩ RCA 接头加 1 路对讲音频输入		
	音频输出	1 路音频输出 200 ~3000mV 5kΩ(BNC)			1 路 RCA 接头音频输出 200 ~3000mV5kΩ(RCA)		
硬盘	硬盘	内置 2 个 IDE 接口,可挂接 1 ~4 个硬盘			内置 4 个 IDE 接口,可挂接 1 ~8 个硬盘		
	占用硬盘空间	音频:PCM 28.8MB/h;ADFCM 14.4MB/h; 视频:56 ~900MB/h					
	硬盘管理	硬盘工作管理采用非工作盘休眠处理,减少散热和功耗,延长硬盘寿命					
录像及回放	录像模式	手动录像、动态检测录像、定时录像、报警录像 支持录像的优先级:手动录像 > 报警录像 > 动态录像 > 定时录像					
	记录时间	录像文件记录时间 1 ~120min 可设置(默认为 60min)					
	录像循环方式	支持硬盘循环覆盖录像					
	录像查询	根据时间、类型、通道号查询录像					
	回放模式	多种慢放速率,多种快放速率,手动单帧播放、倒放等模式					
	文件多种切换方式	可切换到正在播放的上一个文件或下一个文件或文件列表中任意的文件; 可切换到当前播放通道同一个时刻的其他任意通道的文件(如存在文件); 支持文件的连续播放,一个文件放完后,继续播放同一个通道的下一个文件					
	多路回放	支持 1 个 2 个或 2 个以上通道录像同时回放					
	画面缩放	多路回放时的小画面/适应窗口/全屏					
	局部放大	单画面全屏回放时可选择画面任一区域进行局部放大播放该区域的图像					

续上表

<table>
<tr><th></th><th>设备参数</th><th>CIF1 路</th><th>CIF2 路</th><th>CIF4 路</th><th>CIF8 路</th><th>CIF12 路</th><th>CIF16 路</th></tr>
<tr><td rowspan="4">存储功能</td><td rowspan="4">备份方式</td><td colspan="6">支持普通硬盘保存、冗余盘双备份</td></tr>
<tr><td colspan="6">支持外接 USB 存储设备(如普通 U 盘、移动硬盘)</td></tr>
<tr><td colspan="6">支持内置型 IDE 刻录光驱及 USB 型刻录光驱(可扩展)</td></tr>
<tr><td colspan="6">支持网络下载保存</td></tr>
<tr><td rowspan="11">网络功能</td><td rowspan="11">网络控制</td><td colspan="6">远程访问前端通道监控画面</td></tr>
<tr><td colspan="6">通过网络客户端软件或浏览器访问、设置系统参数</td></tr>
<tr><td colspan="6">通过客户端或浏览器网络升级程序,实现远程维护</td></tr>
<tr><td colspan="6">可以通过网络查看视频丢失等报警信息</td></tr>
<tr><td colspan="6">支持网络云镜控制</td></tr>
<tr><td colspan="6">支持远程下载存储及录像回放</td></tr>
<tr><td colspan="6">与相关软件(中心管理软件)配套可实现多台设备联网共享信息</td></tr>
<tr><td colspan="6">双工透明串口</td></tr>
<tr><td colspan="6">网络方式报警输入、输出</td></tr>
<tr><td colspan="6">语音对讲</td></tr>
<tr><td colspan="6">多画面预览</td></tr>
<tr><td rowspan="7">动态检测及报警</td><td>动态检测</td><td colspan="6">区域设置:每画面可设置 192(16 × 12)个检测区域;检测灵敏度设置;区域可设置多级灵敏度;
可联动录像或外部报警或弹出屏幕提示</td></tr>
<tr><td>视频丢失</td><td colspan="6">可联动外部报警输出或弹出屏幕提示</td></tr>
<tr><td>外部报警</td><td colspan="6">可联动录像,或在设置的时间段内联动外部报警或弹出屏幕提示</td></tr>
<tr><td>手动报警控制</td><td colspan="6">可以使能或禁止某个报警输入通道
可以模拟产生报警信号输出到某个报警输出通道</td></tr>
<tr><td>报警输入</td><td colspan="3">4 路接地报警输入(接地表示产生报警)</td><td colspan="3">16 路接地报警输入(接地表示产生报警)</td></tr>
<tr><td>报警输出</td><td colspan="3">3 路继电器输出,其中包括一个可控 +12V 输出</td><td colspan="3">6 路继电器输出,其中包括一个可控 +12V 输出</td></tr>
<tr><td>报警继电器</td><td colspan="6">30VDC 2A,125VAC 1A(联动输出)</td></tr>
<tr><td rowspan="4">接口</td><td>USB 接口</td><td colspan="6">接 USB 设备</td></tr>
<tr><td>网络接口</td><td colspan="6">RJ45 10M/100M 自适应以太网接口</td></tr>
<tr><td>RS485</td><td colspan="6">云台控制接口,支持多种协议</td></tr>
<tr><td>RS232</td><td colspan="6">用于普通串口(调试)、键盘接口及透明串口(将外部设备的输入输出转发到网络客户端)</td></tr>
<tr><td rowspan="5">系统信息</td><td>硬盘信息</td><td colspan="6">IDE 接口的状态,每个硬盘的信息,当前工作盘指示</td></tr>
<tr><td>码流统计</td><td colspan="6">每个通道的码流统计,波形显示</td></tr>
<tr><td>日志查找</td><td colspan="6">显示系统日志,可达 1024 条,并支持按时间和类型的查找日志信息</td></tr>
<tr><td>系统版本</td><td colspan="6">显示录像通道数,报警输入输出通道数,系统版本号,发布日期等</td></tr>
<tr><td>在线用户</td><td colspan="6">实时显示网络上在线的用户</td></tr>
</table>

续上表

<table>
<tr><th></th><th>设备参数</th><th>CIF1 路</th><th>CIF2 路</th><th>CIF4 路</th><th>CIF8 路</th><th>CIF12 路</th><th>CIF16 路</th></tr>
<tr><td rowspan="3">用户管理</td><td rowspan="2">用户管理</td><td colspan="6">多级用户管理
多种管理模式,本地、串口、网络的用户统一管理,特殊用户权限可设置</td></tr>
<tr><td colspan="6">支持用户和组的添加和权限修改,用户和组的数量不限制</td></tr>
<tr><td>密码安全性保护</td><td colspan="6">支持密码修改,有用户管理权限的用户还可以设置其他用户的密码
账号锁定策略:每 30min 内仅可试解码 5 次,否则锁定</td></tr>
<tr><td colspan="2" rowspan="2">程序升级</td><td colspan="6">通过 WEB、客户端升级工具</td></tr>
<tr><td colspan="6">可扩展 USB 盘升级</td></tr>
<tr><td colspan="2" rowspan="3">登录注销与关机</td><td colspan="6">密码方式登录,确保安全性</td></tr>
<tr><td colspan="6">关闭系统菜单时人性化菜单对话:提供注销菜单用户,关闭机器,重启机器等选择</td></tr>
<tr><td colspan="6">可设置关机权限,确保拥有权限的用户关闭机器</td></tr>
<tr><td rowspan="7">常规参数</td><td>电源</td><td colspan="6">220V ±25% 50 ±2% Hz/110V60Hz</td></tr>
<tr><td>功耗(±3W,不含硬盘)</td><td>15W</td><td>20W</td><td>25W</td><td>30W</td><td>35W</td><td>40W</td></tr>
<tr><td>使用温度</td><td colspan="6">0 ~ +55℃</td></tr>
<tr><td>使用湿度</td><td colspan="6">10% ~90%</td></tr>
<tr><td>尺寸</td><td colspan="6">2U 标准工业机箱,440mm(宽)×460mm(深)×89mm(高)</td></tr>
<tr><td>质量(不含硬盘)</td><td colspan="3">6.5kg</td><td>7.0kg</td><td colspan="2">7.5kg</td></tr>
<tr><td>安装方式</td><td colspan="6">机架安装、台式安装</td></tr>
</table>

三、硬盘总容量大小的计算

在选购 DVR 时往往要预估其硬盘容量,硬盘容量的计算公式为:

总硬盘容量(MB) = 通道数 × 需求时间(h) × 每小时占用硬盘空间(MB/h)。

硬盘录像机采用了 MPEG4/H.264 的压缩技术,它本身的动态范围相当大,因此计算硬盘容量需要依据码流统计各个通道每小时生成文件大小的估值。

例如:单通道的录像每小时占用硬盘空间为 200MB/h,使用 4 路硬盘录像机时要求存储一个月(30d,每天 24h)连续录像,需求的硬盘空间如下:

4 通道 ×30d ×24h ×200MB/h = 576GB

则一般需要安装 5 块 120G 硬盘,或者 4 块 160G 硬盘,或者 2 块 320G 硬盘。

四、硬盘录像机的操作

硬盘录像机的具体操作细节在“监控设备操作工实务”课程中讲述。一般硬盘录像机都有使用说明书,操作前仔细阅读说明书。附录中给出一种典型的 DVR 使用说明书,供参考。

任务 2　创新思维训练

硬盘录像机的缺陷是什么?视频存储技术有什么最新进展?

子项目2-6　数字视频传输子系统的实现

【子项目描述】

能力目标

■ 能够运用视频编码解码器通过通信系统传输视频到上级监控中心。

相关支撑知识

■ 视频编码解码器、通信系统知识。

训练方式、手段及步骤

■ 校外实训基地完成观摩实习。如果条件许可也可在校内实训室完成接线调试。

考核标准

■ 实习报告、绘制的连线图正确；如果在校内实训，则要求调试连通。

任务1　理解数字视频传输及编码解码器

一、模拟视频传输

在前面几个子项目中讲到的摄像头输出的是1Vp-p电平的模拟视频信号；在同轴电缆上传输的是模拟视频信号；送给光端机的输入视频信号及光端机的输出视频信号是模拟信号，输入视频矩阵及从矩阵输出的是模拟信号；送给监视器和硬盘录像机的也是模拟信号（只是在硬盘录像机存储时转变成了数字数据）；从摄像头到监视器是以点对点的方式传输，占用一条专用链路，没有图像压缩，没有时间延迟，实时性非常好，这种方式称为模拟视频传输监控系统。

当监控点很多时，用这种方式传输视频信号就需要非常多的专用链路（由近距离的同轴电缆或远距离的光纤组成），远程传输时耗费的光纤芯数就很多。试想一下，如果全路段10个收费站，每个收费站8个摄像机，每个摄像机都要拉一芯光纤到路段监控中心的话，就要80芯光纤。如果全省高速公路每个摄像机都拉一芯光纤到省监控中心的话，则需要多少芯光纤？而且路段或省监控中心也没有必要同时显示所有摄像机的图像。所以这种点对点的模拟视频信号传输模式一般只用在收费站管理所级。

二、数字视频传输

从收费站管理所向路段分中心传送视频信号时，一般都用数字视频信号数据（如MPEG2标准格式），通过基于TCP/IP的通信网络传输，这样在一根高速光纤链路（一般为2芯，100Mb/s或1000Mb/s）上就可以传输多路视频数据，而且和收费数据在同一个网络上传输，这样就节约了光纤，除低了成本。当然，问题就是有视频压缩造成的失真，有TCP/IP网络存储转发带来的延迟。只要把这两项控制在可以接受的范围内就可以。这种方式称为数字视频传输系统。

三、视频编码器和视频解码器

要通过基于 TCP/IP 的通信网络传输摄像机输出的或视频矩阵输出的模拟视频信号，在发送端就要把模拟视频信号变为数字视频数据（数字化），交给通信网络传输；在接收端要把数字视频数据还原为模拟视频信号，送给监视器等。把模拟视频信号变为数字视频数据称为视频编码；把数字视频数据还原为模拟视频信号称为视频解码。完成这些工作的设备对应的称为视频编码器和视频解码器。

某分中心使用的视频解码器，如图 2-6-1 所示。

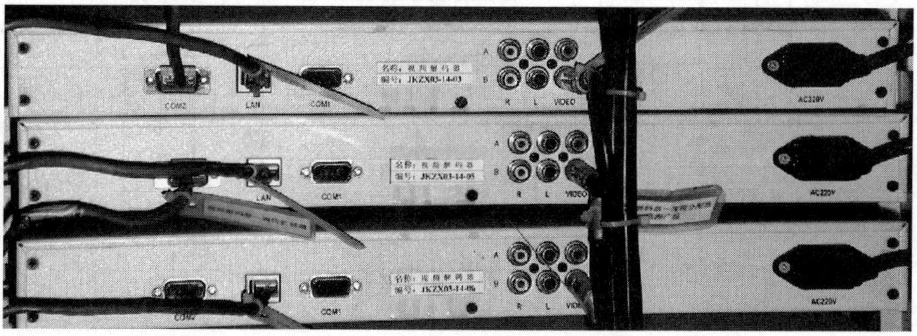

图 2-6-1　视频解码器

某视频解码器技术参数，如表 2-6-1 所示，供选型时参考：

某视频解码器技术参数表　　表 2-6-1

视频输出	1 路复合视频（PAL/NTSC），BNC 接口（1.0Vp-p，75Ω）
音频输出	1 路，RCA 接口，线性输出
语音对讲输入	1 路，MIC 接口
通信接口	1 个 10M/100M 自适应以太网口，1 个 RS485 口
报警输出	2 路开关量输出，120VAC 1A，24VDC 1A

任务 2　数字视频传输子系统实现

一、数字视频传输子系统说明

把前面一个任务中关于数字视频传输的概念用具体设备实现，就得到数字视频传输子系统，再把它和子项目 2-2 中的模拟视频传输子系统合在一起，就可以得出站级视频监控系统与上级监控分中心监控系统连接的示意图，如图 2-6-2 所示。

图中看上去只向上级传送了 1 路视频信号，实际上一般要向上级传送多路视频信号，此时可以在发送端增加视频编码器，接收端增加视频解码器。以太网交换机与编码器相连的端口划分成不同的 VLAN 口，每个编码器分配一个 IP 地址，交换机提供一个 TRUNK 口（允许所有 VLAN 通过）与 SDH 传输设备的以太网板的一个以太网口相连。数据码流通过收费站 SDH 传输设备送至分中心 SDH 传输设备，再经过分中心 SDH 传输设备送至分中心交换机的 TRUNK 口。交换机与解码器相连的端口同样划分成不同 VLAN 口，每个解码器分配一个 IP 地址,并将解码器的接收 IP 地址和对应编码器的 IP 地址放在同一个 VLAN。解码器将数据码流转换成视频信号输出到视频切换矩阵,最终送至监视器。矩阵通过级联对收费站的视频信号进行监视和控制。同时,连接到交换机上的图像管理计算机能够通过软件方式解码出网络上所有 IP 地址的视频图像。另外,作为视频信号传输的中间过程,监控分中心还需要根据省监控中心的要求上传几路图像,分中心上传的方式与收费站的上传方式相同,这里不再赘述。

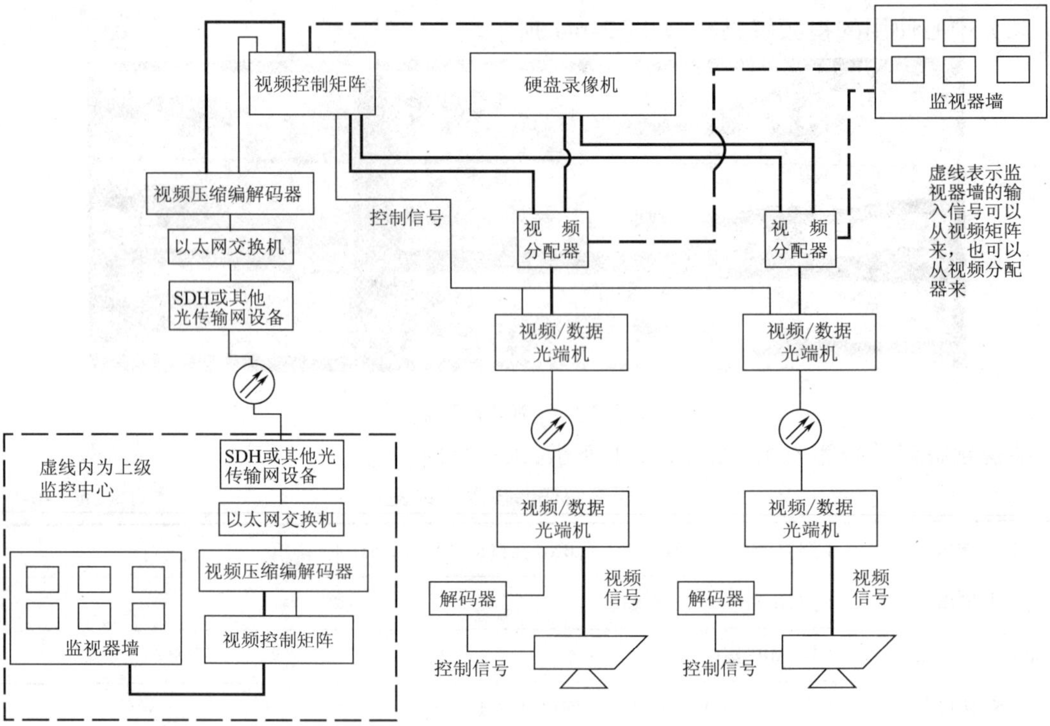

图 2-6-2 站级视频监控系统与上级监控分中心连接示意图

二、数字视频传输系统工程图纸

监控分中心往往要连接几个到几十个站级监控室,想想看,监控分中心级的视频监控系统是什么样的?

下面给出临长高速监控分中心的视频监控系统图,如图 2-6-3 和图 2-6-4 所示。

注意,从图中可以看到,分中心视频控制矩阵有 2 路视频输出经过 2 个视频编解码器送到省监控中心。

这么多路视频压缩编解码器形成的网络往往还有一个管理问题,那就需要在监控中心配置视频管理服务器及视频工作站。视频管理服务器主要对视频图像监控网上所有网络视频编解码器进行管理,可以把网络上任意一个网络视频编码器的视频流发送给一个或多个网络视频解码器,也可以让任何一个网络视频解码器任意截取一个网络视频编码器发送在专网上的数字视频流,还可以让前端报警信号通过 RS-232 数据口输出给报警单元,完成数模转换后,启动报警声音等设备。视频工作站主要用于监控人员的日常操作,如:切换图像、轮巡、控制远端视频矩阵等方面。

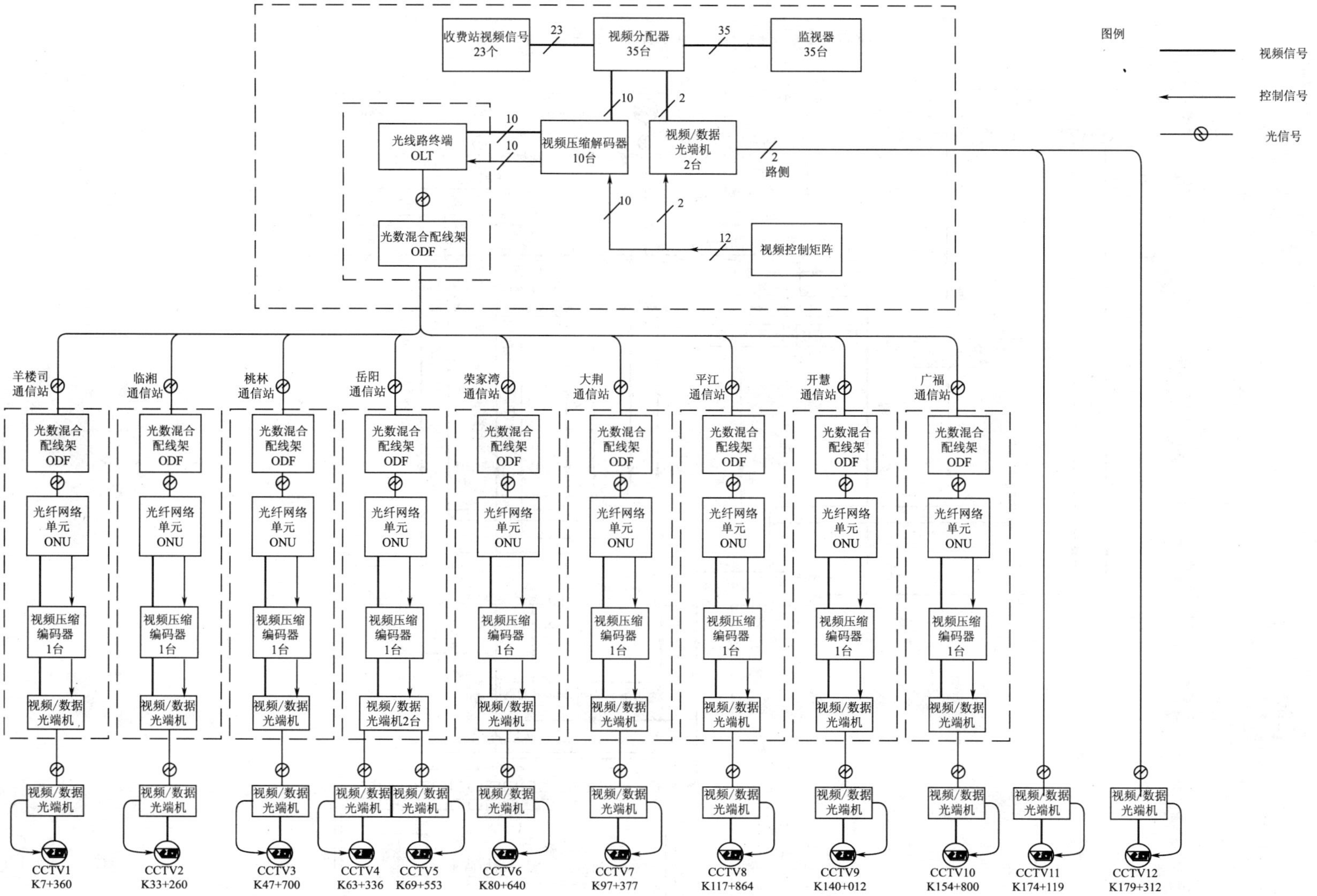

图2-6-3　临长高速监控分中心的视频监控系统结构图1

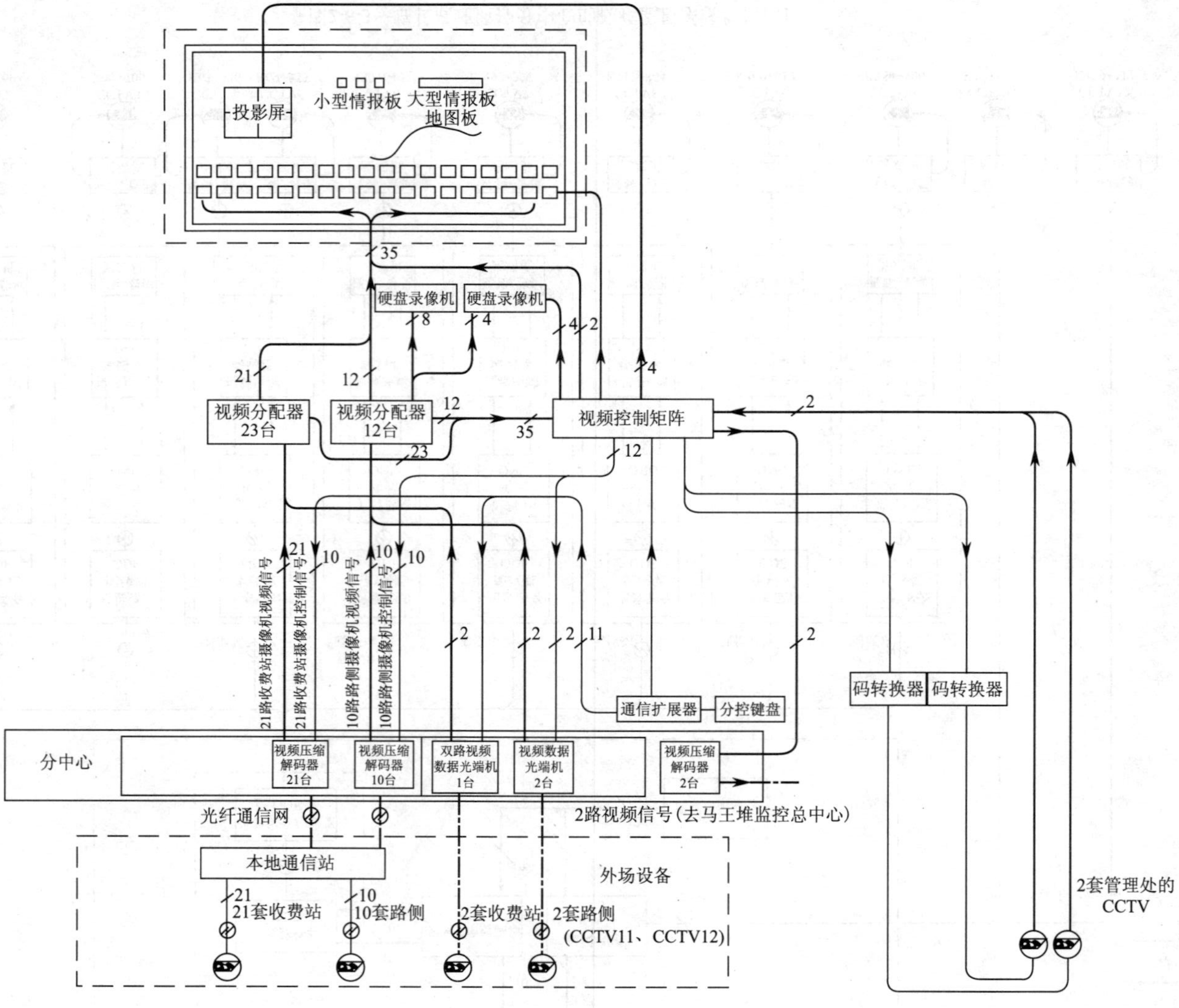

图2-6-4　临长高速监控分中心的视频监控系统结构图2

三、有关数字视频图像压缩标准的知识

前面讲到要实现数字视频传输，就要先把模拟图像变成数字数据码流，下面介绍几个有关这方面的标准。

(1)MPEG 格式：它的英文全称为 Moving Picture Expert Group，即运动图像专家组格式，常见的 VCD、SVCD、DVD 就是这种格式。MPEG 文件格式是运动图像压缩算法的国际标准，它采用了有损压缩方法减少运动图像中的冗余信息，说得更加明白一点就是 MPEG 的压缩方法依据是相邻两幅画面绝大多数是相同的，把后续图像中和前面图像有冗余的部分去除，从而达到压缩的目的(其最大压缩比可达到 200:1)。目前 MPEG 格式有 3 个压缩标准，分别是 MPEG-1、MPEG-2、和 MPEG-4，另外，MPEG-7 与 MPEG-21 仍处在研发阶段。

(2)MPEG-1：制定于 1992 年，它是针对 1.5Mb/s 以下数据传输率的数字存储媒体运动图像及其伴音编码而设计的国际标准。也就是我们通常所见到的 VCD 制作格式。使用 MPEG-1 的压缩算法，可以把一部 120min 长的电影压缩到 1.2GB 左右大小。这种视频格式的文件扩展名包括.mpg、mlv、.mpe、.mpeg 及 VCD 光盘中的.dat 文件等。

MPEG-2：制定于 1994 年，设计目标为高级工业标准的图像质量以及更高的传输率。这种格式主要应用在 DVD/SVCD 的制作(压缩)方面，同时在一些 HDTV(高清晰电视广播)和一些高要求视频编辑、处理上面也有相当的应用。使用 MPEG-2 的压缩算法，可以把一部 120min 长的电影压缩到 4～8GB 的大小。这种视频格式的文件扩展名包括.mpg、.mpe、.mpeg、.m2v 及 DVD 光盘上的.vob 文件等。

(3)MPEG-4：制定于 1998 年，MPEG-4 是为了播放流式媒体的高质量视频而专门设计的，它可利用很窄的带度，通过帧重建技术，压缩和传输数据，以求使用最少的数据获得最佳的图像质量。目前 MPEG-4 最有吸引力的地方在于它能够保存接近于 DVD 画质的小体积视频文件。另外，这种文件格式还包含了以前 MPEG 压缩标准所不具备的比特率的可伸缩性、动画精灵、交互性甚至版权保护等一些特殊功能。这种视频格式的文件扩展名包括.asf、.mov 等。MPEG-4 第 10 部分也称为 H.264。

(4)DivX 格式：这是由 MPEG-4 衍生出的另一种视频编码(压缩)标准，即我们通常所说的 DVDrip 格式。它采用了 MPEG4 的压缩算法同时又综合了 MPEG-4 与 MP3 各方面的技术，就是使用 DivX 压缩技术对 DVD 盘片的视频图像进行高质量压缩，同时用 MP3 或 AC3 对音频进行压缩，然后再将视频与音频合成并加上相应的外挂字幕文件而形成的视频格式。其画质直逼 DVD 并且体积只有 DVD 的数分之一。这种编码对机器的要求也不高，所以 DivX 视频编码技术可以说是一种对 DVD 造成威胁最大的新生视频压缩格式，被称为 DVD 杀手或 DVD 终结者。

任务 3　创新思维训练

高速公路现使用模拟视频又使用数字视频，你觉得好不好？有什么新的想法？

子项目2-7　收费站级视频监控系统总体设计

【子项目描述】

能力目标

■ 能够完成总体设计及投标书的起草。

相关支撑知识

■ 标书格式、收费站管理所级监控系统集成知识。

训练方式、手段及步骤

■ 分组完成并提交设计书或标书。条件许可后在校内实训室完成站级系统联调。

考核标准

■ 合格的设计书或标书。

任务1　完成某站级监控系统总体设计，并写成投标书的形式

以参观过的某站级监控系统为模型，收集必要的原始数据，根据前面学习过的子系统，设计总体方案，写成标书的形式。

该任务主要课外完成，课堂上采取展示方案、进行答辩的方式做教学和考核。

任务2　创新思维训练

收费监控和交通监控的数据是如何共享的？

项目3　隧道监控系统特殊部分的实现

【项目描述】

能力目标

■ 能对隧道监控特殊子系统进行运行与维护。

相关支撑知识

■ 隧道监控特殊子系统基本组成及元器件知识。

训练方式、手段及步骤

■ 现场观摩实习，写出实习报告，绘出并说明系统的结构图。

考核标准

■ 实习报告完整详细、结构图准确。

任务1　了解隧道监控系统

一、了解隧道监控的特殊性

近20年来，随着我国公路交通事业飞速发展，公路的等级不断提高，通车里程逐年增加，公路建设已成为拉动国民经济增长的支柱产业和带动地方经济发展的龙头之一。我国很大一部分地区属于山区，隧道在山岭地区可以用于克服地形与高程障碍，改善线形，缩短里程，从而可提高车速、节省时间，所以随着高速公路的发展，隧道得到越来越广泛的应用，而且隧道越建越长，适用环境越来越复杂。但隧道的这种发展趋势对隧道的运营管理来说是一种挑战。

隧道与高速公路的其他路段不同，它是道路上一个相对封闭的区段。汽车在隧道中行驶时产生各种废气，如CO、CO_2、NO等，在高速公路上会随自然风、交通风扩散到大气中，对驾驶员和工作人员不会构成威胁。较短的、交通量较小的隧道，汽车排放的废气也会被自然风和交通风带出隧道。但对于长大隧道自然风和交通风对隧道内空气的置换作用相对较小，必须采取适当的机械通风将隧道内的气体排放物浓度控制在容许限度之内。如不采取措施，隧道内的CO等浓度会逐渐升高，当达到一定浓度时会使人感到不适甚至窒息，所以必须在长大隧道中设置通风设备。

隧道内能见度较低，常为事故多发地段，并可能诱发各种各样的火灾，而且二次事故产生的后果远比原发性事故严重得多。所以必须设置火灾监控系统，可以在发生火灾时由传感器自动向控制中心报警，控制中心通过交通信号、标志、广播、灭火系统等及时作出反应。

隧道中昼夜都需要照明。驾驶员开车进入隧道时亮度由强到弱视觉上会出现“黑洞效应”,出隧道时亮度由弱到强,视觉上会出现“眩光”,所以隧道入、出口段照明均需要特殊设计。

在隧道,特别是长大隧道上设置监控系统可以监测到事故的发生,监控人员可根据事故类型及情况采取相应的措施并及时通知有关部门,这样就可最大限度地减少因为事故而造成的财产损失和人员伤亡。

二、了解隧道监控的各子系统

公路长隧道监控系统的建设一般包括隧道监控室、隧道变电所、隧道内现场设备、连接这些设备和中控室的信息传输网络,以及使这些设备和谐准确运转的控制软件。按功能区分,隧道监控系统可分为以下部分,具体的工程实施可能根据具体情况有些小变动:

(一)隧道火灾报警子系统

火灾报警子系统用于隧道内发生火灾时,发出紧急信号,迅速通告隧道监控站,请求灭火、救援等活动。

报警方式有手动报警按钮和火灾自动探测器两种。手动报警按钮是指在隧道内一般按每50m设置一套手动报警按钮。火灾自动探测器一般是选择双波长火灾自动探测器或分布式光纤感温自动探测器,若采用前者,则在隧道内按每50m一套设置,与手动报警按钮设在一个综合盘内;若选用后者,则在隧道内顶部敷设感温火灾探测光缆。另外,在隧道变电所内设置手动报警按钮和感烟式火灾自动探测器。当发生火灾有人工报警或自动检测出火灾时,在隧道监控站的相应工作站上有声音和告警信号,并且显示出火灾报警的地点位置,同时经过视频监视子系统自动将故障地点处的摄像机监视画面显示在相应的彩色监视器、大屏幕投影屏或工作站显示器上,并提供控制方案,待值班员经其他手段确认后再进行发布。

火灾报警子系统由隧道监控站火灾报警工作站、隧道火灾报警主机、隧道内手动火灾报警按钮、双波长火焰探测器或光纤感温火灾自动探测器、隧道变电所的感烟火灾探测器、手动报警按钮以及传输通道等构成。

该子系统为独立子系统,采用专线方式。系统可进行设备自检,并将自检后的信息上传隧道监控站,包括设备工作状态和故障信息。

(二)隧道通风控制子系统

由于隧道内汽车排放的废气、行驶时带起路面上的烟气和粉尘不易扩散,对人体非常有害,也影响行车安全,因此隧道内保持良好的空气是行车安全的必要条件。

在隧道内设置环境检测器:一氧化碳(CO)浓度、能见度检测器和风速风向检测器。由隧道监控站的工作站根据检测到的CO浓度和隧道内的能见度情况及风速风向调节风机的运转,实现节能和保持风机较佳寿命的运行。

通风控制子系统由隧道监控站计算机系统、隧道风机控制柜、风机、一氧化碳浓度、能见度检测器、风速风向检测器以及传输通道等组成。

通过隧道内一氧化碳浓度和能见度高低、风速风向、交通量数据对风机进行自动控制和实现节能。通风控制分为自动控制和手动控制两种方式。系统中带有火灾发生后排烟控制方案提示,经人工修正后可以对风机实行控制,也可以完全由人工控制。

通风控制子系统对通风的控制原则遵照国家或国际有关标准和规定,保持隧道内环境指标在标准范围内。系统可反馈一氧化碳浓度、能见度检测器、风速风向检测器、风机设备的工作状态并提供环境检测器的故障信息。

（三）隧道照明控制子系统

由于隧道内、外的亮度差别较大，因此驾驶员在进出隧道时会产生前述特殊的视觉问题，因此如何减少这种亮度差别带来的影响是隧道照明控制子系统的一个重要目的。

在隧道入口、出口设置光强检测器，其检测数据作为对隧道的照明回路实施控制的依据。

隧道照明控制子系统由隧道监控站计算机系统、隧道控制柜、照明灯具、洞内外光强检测器以及传输通道等组成。根据光强检测器检测到的洞内外照度来控制隧道入口段、出口段及基本段的照明，以保证行车安全并实现节能。

（四）电力监控子系统

电力监控系统对隧道变电所及箱式变电站的运行状态进行监视，并可对供配电系统设备及通风、照明回路进行控制。

另外，变电所无人值守功能要求配备相应的图像监视设备和火灾自动检测及手动报警设备，分别纳入闭路电视监视子系统和火灾报警子系统。

（五）交通监控子系统

交通监控子系统通过检测交通参数及隧道环境参数，根据软件运算可得出交通和环境状况，从而采用相应的控制方案。该子系统由以下几个部分组成。

1. 交通检测部分

在隧道内设置固定摄像机，通过对部分固定摄像机图像的处理（视频事件检测设备），可得到交通量、平均车速、占有率等交通参数，根据交通参数的运算，可判断隧道内的交通运行状况，这也是通风控制子系统的基本数据。

同时，通过摄像机视频图像的处理，还可直接得到隧道内交通异常信息，如事故、拥堵、违章行车、烟雾等信息，并在发生异常事件时自动报警。

2. 交通信号控制部分

交通信号控制主要是用于协助疏导交通、给驾驶员提供信息，以保证道路畅通。

在隧道两端入口前设置交通信号灯，用来表示隧道内的交通情况。交通信号灯可显示红、黄、绿三色及一个转向标志。绿色表示隧道内正常；黄色表示隧道内交通异常，应注意行驶；红色表示此时隧道关闭，禁行；转向标志表示需要从隧道口的换向车道驶入对向隧道或者掉头从对向车道驶回。

在隧道入口、出口和隧道内设置车道指示标志，指示每条车道的状况。设备采用 LED 显示方式，包括两个显示板，每个显示板上可显示红色“X”或绿色“↓”，分别表示本车道处于关闭或通行状态。由于在事故情况下需要使用反向隧道，因此车道指示标志采用双面式。

在隧道每个人行横洞和车行横洞处设置横洞指示标志，用于紧急情况下指示道路。该标志平时不亮，仅在紧急情况下疏散人员和车辆时显示。光源采用专用白炽灯，信息的显示是通过开关启动相应灯箱的光源来显示信息。

在隧道两端入口设置小型可变信息标志，用于简单信息提示和速度限制。

在隧道内或隧道口设置可变信息标志和可变限速标志，用于在异常情况下发布隧道内交通提示信息和速度控制信息。

（六）视频监控子系统

该子系统由隧道监控站视频监控控制设备、外场摄像机以及传输系统等构成。视频监控子系统用于直观地、及时地观测隧道内外交通运行情况和事故现场，为救灾排险提供第一手信息。在隧道内一般按每 150m 左右安装一台定焦距彩色摄像机，顺车辆行驶方向设置。在隧道的两端及隧道之间均安装彩色遥控摄像机。在车行横洞洞口对面侧壁上安装彩色遥控摄像机,可实时动态地监视紧急停车带及横洞附近的交通状况。

另外,变电所无人值守功能要求配备相应的图像监视设备,纳入视频监视子系统。在隧道的变电所内设置室内型彩色遥控摄像机。

(七)紧急电话子系统

紧急电话系统为高速公路上驾驶员提供一个直接呼救求援的专用通信系统。

在隧道监控站设紧急电话控制台,控制台控制所辖隧道区域内的紧急电话。

在隧道内一般按每200m设置1个紧急电话,部分隧道的隧道口也设置了紧急电话。

(八)有线广播子系统

根据管理的需要,在超过1000m的隧道内应设有线广播子系统,用于在发生紧急情况时,进行紧急情况的通知。

任务2　创新思维训练

隧道建多了到底好不好?如何评价隧道的利和弊?如何进行平衡?

子项目3-1　隧道照明子系统的实现

【子项目描述】

能力目标

- 能够识读隧道照明系统图纸;能够完成故障排除、部件更换。

相关支撑知识

- 隧道照明系统电气知识、灯具知识。

训练方式、手段及步骤

- 在隧道现场实习。
- 绘出隧道照明系统的接线图。

考核标准

- 实习报告完整详细、结构图准确。

任务1　理解隧道照明系统的设置原则

一、隧道照明面临的特殊情况

隧道是高速公路的重要组成部分,隧道照明系统是车辆能够安全地进入、通过和离开隧道区域必不可少的基本保证。

隧道作为高等级公路的特殊路段，当车辆在驶入、通过和驶出隧道的过程中，会出现一系列的视觉问题。在白天，驾驶员进入隧道时会遇到如下视觉问题：刚进入隧道由于白天隧道外的光线相对于隧道内的强很多，如果隧道足够长，驾驶员看到的是黑乎乎的一个洞，这就是"黑洞"现象；如果隧道很短的话，在驾驶员面前就出一个"黑框"。进入隧道后由明亮的外部进入一个较暗的隧道，视觉会有一定的适应时间，然后才能看清隧道内部的情况，这种现象称为"适应的滞后现象"。

在隧道中间段，由于汽车排出的废气集聚，形成烟雾，汽车前照灯的光会被这些烟雾吸收和散射，形成光幕和降低前方障碍物与其背景（路面、墙面）之间的亮度对比度，影响障碍物的能见度，给视觉功能带来不利影响。

隧道出口处会出现一个很亮的出口，对驾驶员会产生强烈的眩光，从而看不清路况，容易发生车祸。

为适应上述特殊情况，需要附加电光照明。

二、关于隧道照明的国家规范

关于隧道照明设计，不同国家有不同的标准和要求。中国在这方面虽起步较晚，但也有相应的规范和要求。

我国《公路隧道设计规范》（JTG D70—2004）中关于隧道照明的有关规定见附录1。

任务2 了解隧道照明方案

在了解了关于隧道照明的国家规范后，还要学会将其应用到某个具体的隧道中去。下面通过某隧道照明系统设计实例，可以体会隧道照明方案设计的主要内容。

隧道照明系统由照明配电装置、隧道照明配电箱、基本照明、加强照明及应急照明灯具及管线组成。

1）照明标准

本工程为双孔两车道高速公路，行车速度80km/h，根据隧道地理位置和周围环境确定洞外亮度为4000cd/m^2，依照规范确定隧道内各段照明标准如下：

入口段：长度右线为76m，左线88m，400W钠灯。间距为1m，每洞双侧对称布置；100W高压钠灯，间距5m，偏向于行车方向右侧拱顶布置（兼做基本照明），平均照度2520lx，平均亮度140cd/m^2（换算系数＝18lx/cd·m^{-2}）；

过渡Ⅰ段：长度72m，250W高压钠灯，间距2m，每洞双侧对称布置；100W高压钠灯，间距5m，偏向于行车方向右侧拱顶布置（兼做基本照明），平均照度756lx，平均亮度42cd/m^2；

过渡Ⅱ段：长度89m，100W高压钠灯，间距2m，每洞双侧对称布置；100W高压钠灯，间距5m，偏向于行车方向右侧拱顶布置（兼做基本照明），平均照度252lx，平均亮度14cd/m^2；

过渡Ⅲ段：长度133m，100W高压钠灯，间距6m，每洞双侧对称布置；100W高压钠灯，间距5m，偏向于行车方向右侧拱顶布置（兼做基本照明），平均照度88.2lx，平均亮度4.9cd/m^2；

基本段:100W 高压钠灯,间距 5m,偏向于行车方向右侧拱顶布置(1/2 兼做应急照明),平均照度 52lx,平均亮度 4.5cd/m^2;

出口段:长度 60m,150W 高压钠灯,间距 2m,每洞双侧对称布置;100W 高压钠灯,间距 5m,偏向于行车方向右侧拱顶布置(兼做基本照明),平均照度 405lx,平均亮度 22.5cd/m^2。

2)照明灯具布置

隧道内基本照明沿隧道顶中央偏向于行车方向右侧设一排灯具,其中有一半为应急照明灯具,两种灯具沿隧道全长间隔布置。隧道入口段、过渡段及出口段加强照明灯具布置在隧道基本照明两侧。隧道内进入安全通道的一侧墙上和门楣上方设置应急疏散出口标志照明。

3)隧道照明配电箱布置

隧道照明配电箱布置于行车方向左侧墙体内,按入口段、过渡段 1、过渡段 2、过渡段 3 及中间段、出口段间距布置照明配电箱。

4)应急照明

在隧道中设置集中式应急电源供电的隧道应急照明,安全通道应急照明及安全门疏散照明,应急时间≥30min,平时开启常亮。在人行通道和车行通道附近及其中间侧墙设置疏散导向标志,每隔 100m 设置疏散标志灯,并由应急照明电源装置供电。

5)引道照明

隧道引道部分的电源选用高压钠灯光源:灯具为双侧对称布置,隧道引道布置灯间距为 20m,灯具离地约为 10m。

6)人行通道照明

为了确保灾害时人员及时疏散,设诱导照明和疏散照明。诱导照明灯具为隧道专用荧光灯,沿通道顶(侧)部设置,疏散指示灯在距地面 1.5m 布置。灯具由人行通道卷帘门配电箱出一回路配电,人行通道照明平时不开灯,火灾情况下监控指示开启卷帘门和灯具。

7)照明控制

隧道照明由中控室集中控制。

火灾时,加强照明全部关闭,应急照明开启。

隧道加强照明按晴天、云天、阴天、重阴天四级控制;基本照明按夜间和午夜控制两级控制。

8)光源选择

隧道光源选月光效高、寿命长、在烟雾中有较好透视性的高压钠灯,灯具采用配光适宜、效率高、防水、防潮、防腐、防振隧道专用型灯具,防护等级为 IP65。

光源技术参数指标:

100W 高压钠灯,10000lm;150W 高压钠灯,17500lm。

250W 高压钠灯,33000lm;400W 高压钠灯,56500lm。

9)隧道照明设备

具体要求如下:

(1)灯具外壳由防腐挤压铝合金型材制成,防护等级为 IP65。

(2)有快速密闭的锁定机构,且防振。

(3)高效合理的配光及单独熔断器保护。

(4)荧光灯采用高性能低谐波交流电子镇流器,高压钠灯配进口电容补偿器。

(5)相同类型的灯具应能互换。

任务3　隧道照明控制方式及实现

一、隧道照明的基本控制方式

目前长隧道的照明分为入口段、过渡段、基本段、出口段,每段的灯具按功能又分为应急灯、全日灯和加强灯三种。应急灯除在停电时用作应急照明外还兼作全日照明,全日灯24h不间断工作,加强灯根据洞口不同的亮度来开启。隧道内不同区域的亮度要求各不相同,它们和洞外亮度、交通流量、洞内废气的多少、行车速度、灯具的养护周期等诸多因素有关,甚至与路面的材料和洞壁的装修材料有关。这些灯的控制目前基本上是靠开关照明回路来进行控制的。

第一种方式是按洞外亮度的不同,分为晴天白昼、阴雨白昼、清晨、傍晚、夜间5种情况进行控制。晴天白昼出入口加强照明灯全开;清晨、傍晚和阴雨白昼合并为一种情况,加强照明灯隔一开一,即开一半;夜间关加强灯,开路灯。隧道在运营中一般除检修外基本灯不关闭,只有在交通量很少时可开一半关一半,以利节能。

第二种方式是人工干预控制,即手动控制开关灯时间及灯种。

第三种方式是全自动(本地、远程)控制方式,根据光强检测器监测到的洞内外光照度来决定开哪些灯。这种方式由监控系统与照明系统配合完成。隧道照明控制子系统由隧道监控站计算机系统、隧道控制柜、照明灯具、洞内外光强检测器以及传输通道等组成。根据光强检测器检测到的洞内外照度来控制隧道入口段、出口段及基本段的照明,以保证行车安全并实现节能。

二、隧道照明控制案例

下面以某隧道基于CAN(Controller Area Network,控制器局域网)的照明控制方案为例,说明典型的隧道照明控制系统。

一般隧道都有7~8个照明控制回路,建设投资大,施工难度高,隧道开通后管理者仅能在有限的回路里进行控制,很难兼顾到运营成本和隧道安全。采用智能照明控制器,应用在高速公路隧道照明CAN网络中,较好地解决了隧道照明初期投资、运营成本和隧道安全之间的矛盾,收到了很好的经济效益和社会效益。

CAN是当今国际上应用最广泛的现场总线标准之一。它最初是由德国Bosch公司为汽车的检测、控制系统而设计的,现已经发展成为国际标准。CAN是一种有效支持分布式控制或实时控制的串行通信网络,有几个主要特点:

(1)CAN控制器工作于多种方式,网络中的各节点都可根据总线访问优先权(取决于报文标识符)采用无损结构的逐位仲裁的方式竞争向总线发送数据,且CAN协议废除了站地址编码,而代之以对通信数据进行编码,这可使不同的节点同时接收到相同的数据。这些特点使得CAN总线构成的网络各节点之间的数据通信实时性强,并且容易构成冗余结构,提高系统的可靠性和系统的灵活性。而利用RS-485只能构成主从式结构系统,通信方式也只能以主站轮询的方式进行,系统的实时性、可靠性较差。

（2）CAN 总线通过 CAN 控制器接口芯片 82C250 的两个输出端 CANH 和 CANL 与物理总线相连，而 CANH 端的状态只能是高电平或悬浮状态，CANL 端只能是低电平或悬浮状态。这就保证不会出现像在 RS-485 网络中，当系统有错误，出现多节点同时向总线发送数据时，导致总线呈现短路，从而损坏某些节点的现象。而且 CAN 节点在错误严重的情况下具有自动关闭输出功能，以使总线上其他节点的操作不受影响，从而保证不会出现在网络中因个别节点出现问题，使得总线处于"死锁"状态。

（3）CAN 具有的完善的通信协议，可由 CAN 控制器芯片及其接口芯片来实现，从而大大降低系统开发难度，缩短了开发周期，这些是只有电气协议的 RS-485 所无法比拟的。

（4）CAN 总线信号的传输可采用双绞线、同轴电缆或光纤，最高通信速率可达 1Mb/s，数据传输在 5kb/s 时，传输距离可达到 10km。一个 CAN 网段上的网络节点可达 110 个，还可通过 CAN 网关/网桥延伸网段或和其他各种网络互联互通。

CAN 总线的这些特点使得其很适宜应用在条件苛刻的高速公路隧道监控系统或照明控制系统中。高速公路隧道照明控制系统 CAN 网络主要由上位机、智能照明控制器、CAN 网关/网桥等构成，如图 3-1-1 所示。

上位机为 PC 机，内插 PC-CAN 接口卡，网络拓扑采用总线结构，传输介质采用双绞线，为提高系统的抗干扰能力，在传输介质和智能控制器之间采取了光电隔离。上位机并与隧道车辆检测器群和光强检测仪相连，配以为用户开发的相应软件，对整个隧道的照明系统进行智能控制。

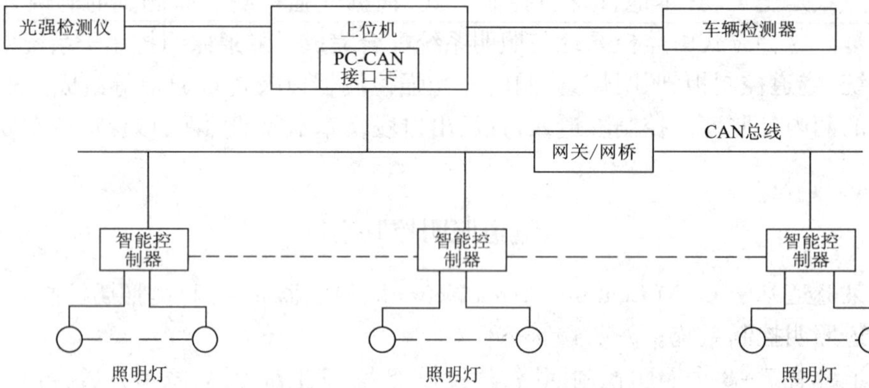

图 3-1-1　某隧道照明控制系统图

软件的控制策略如下：在没有车辆进入隧道时，根据光强检测仪所检测到的洞内外光强差值，在隧道内只开启相应的基本照明。当车辆检测器检测到车辆将进入隧道时，开启隧道洞口的加强照明；当车辆进入隧道后，则将车辆前面一段相应距离的加强照明开启，一旦后面无车辆跟进，则将汽车身后的加强照明关闭。同时利用光强仪还可判断晴天、阴天、白天、晚上而开启或关闭相应的照明，可对单个的照明进行单控也可对区域照明进行群控。控制策略随时可根据实际情况进行修正。这样节约了大量的电能，有效地降低了运营成本。

三、绿色照明

目前做得比较好的长大隧道把隧道内的灯光照明环境模拟成大自然的环境，以减少视觉疲劳。图 3-1-2 为某隧道绿色照明方案案例。

图 3-1-2 某隧道内模拟自然环境的绿色照明方案

任务 4 创新思维训练

你算过一笔账吗？用高压钠灯照明，一条 5000m 的隧道一年要用多少电？花多少电费？有改造方案吗？

子项目 3-2 隧道通风子系统的实现

【子项目描述】

能力目标

■ 能够识读隧道通风系统图纸；能够进行通风操作；能够完成简单故障排除和部件更换。

相关支撑知识

■ 隧道通风及通风系统知识。

训练方式、手段及步骤

■ 在隧道现场实习。

■ 绘出隧道通风系统的接线图。

考核标准

■ 实习报告完整详细、结构图准确。

任务 理解隧道通风系统①

一、隧道通风系统的设置原则

在隧道运营期间，为了有效降低隧道内有害气体与烟雾的浓度，保证驾乘人员及洞内工作

---

①本任务的大部分内容取自湖南省机电新规划。

人员身体健康，提高行车的安全性和舒适性，通常需要按一定的方式不断地向隧道内送入新鲜空气，此即隧道通风。

隧道通风设施应该在满足《公路隧道通风照明设计规范》(JTJ 026.1—1999)的基础上，针对高速公路的实际情况，进行相应的规划、设计及运营管理。

高速公路通风系统的设计应从全局出发，统筹兼顾，合理确定高速公路通风设施的规模。

隧道通风系统的设计应遵循如下原则：

(1)对于长度 $L \geqslant 5000$m 的特长隧道，应考虑设置竖(斜)井通风系统，如图 3-2-1 所示；

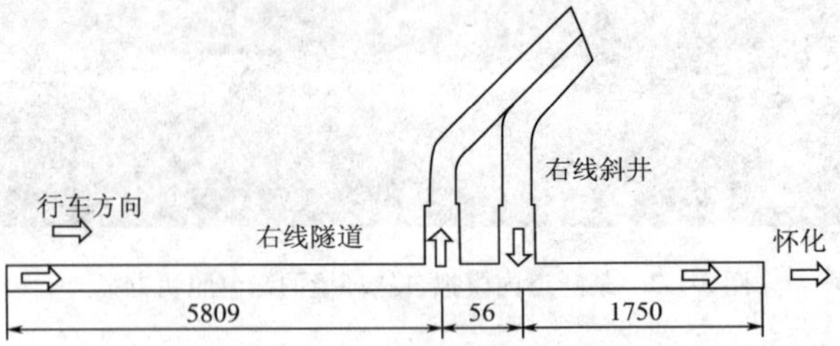

图 3-2-1　邵怀高速的雪峰山隧道通风井(尺寸单位：m)

(2)对于长度 $L \geqslant 1500$m 的长、特长隧道，应设置日常运营(含防灾)机械通风系统；

(3)对于长度 $1000\text{m} \leqslant L < 1500$m 的长隧道，只设置防灾机械通风系统；

(4)对于长度 $L < 1000$m 的中、短隧道，可不考虑设置机械通风系统。

具体设计还要和交通量挂钩。

二、隧道通风系统总体设计的内容

按照《公路隧道通风照明设计规范》，隧道通风系统总体设计的内容主要包括如下几个方面：

(1)一般规定。

(2)通风方式的选择。

(3)通风标准。

(4)通风计算。

(5)风机选型及布置。

(6)风机房、通风井及风道。

(7)火灾时的通风。

(8)通风控制。

三、隧道通风设计的一般规定

隧道通风设计与隧道平纵线形、断面、设计车速等密切相关，对于不同的隧道行车方向、路线纵坡、不同的通风计算风速，隧道需风量计算值差别较大，通风设计时应充分注意这些因素。

对于特长隧道，在通风设计时还应该充分注意分析和调查气象及环境参数等，尤其是设置有斜(竖)井分段通风的隧道，应进行必要的自然风压分析。

正确分析设计(或预测)交通量及其预测交通组成，是公路隧道通风设计的前提，交通流既是污染物的产生者，又是通风动力的提供者之一，也是隧道通风的主要服务对象。只有对设计(或预测)交通量及其预测交通组成的分析正确，才能合理确定设计风量和通风方案。

一般情况下，长度 $L \geqslant 1000$m 的高速公路隧道都设置有完善的交通监控系统，并配有相应的管理和服务机构。因此,在进行通风系统设计时,应结合交通监控系统综合考虑,对于设置有交通监控系统的双洞单向行车高速公路隧道,原则上不以交通阻滞和单洞双向行车作为控制工况进行隧道通风系统设计,但应对这两种工况进行通风系统的验算。

对于位于边远山区的高速公路隧道,由于其设计的近期交通量和远期交通量相差悬殊,因此要求隧道通风设计应采取一次设计、分期实施的原则。近期可按 10 年计算,远期按 20 年计算。但隧道通风系统与土建工程相关的预留预埋件、沟槽管线等必须一次设计,并随土建工程一并实施。

确定需风量时,应考虑多种工况进行计算,取其较大者作为设计需风量。一般应考虑:正常行车工况、交通阻滞工况、火灾排烟工况、换气工况。

四、是否需要机械通风的经验公式

可按下列方法初步判定是否需要设置机械通风:

(1)双向交通隧道,当符合下式条件时,宜设置机械通风。

$$L \cdot N \geqslant 6 \times 10^5$$

式中:L——隧道长度,m;

N——设计交通量,辆/h。

(2)单向交通隧道,当符合下式条件时,宜设置机械通风。

$$L \cdot N \geqslant 2 \times 10^6$$

式中:L——隧道长度,m;

N——设计交通量,辆/h。

以上两个公式作为是否需要机械通风的经验公式,只能初步判定,是否设置风机还应考虑公路等级、隧道断面、长度、纵坡、交通条件及自然条件等因素,进行综合分析,并经计算确定。

五、机械通风方式的种类

机械通风方式可分为纵向式、半横向式、全横向式,以及在这 3 种基本方式基础上的组合通风方式。机械通风方式的种类如表 3-2-1 所示:

机械通风方式的种类 表 3-2-1

纵向通风方式	半横向通风方式	全横向通风方式	组合通风方式
射流风机式	送风半横向式		
集中送入式	排风半横向式		
竖(斜)井送排风式			
竖(斜)井排出式			
静电吸尘式			

注:表中所列各通风方式的优缺点可以参考《公路隧道通风照明设计规范》p77 ~ p79。

六、隧道通风风速、噪声等方面的要求

①单向交通的隧道设计风速不宜大于 10m/s,特殊情况可取 12m/s;双向交通的隧道设计风速不应大于 8m/s;人车混合通行的隧道设计风速不应大于 7m/s。

②风机产生的噪声及隧道中废气的集中排放均应符合环保的有关规定。

③确定的通风方式在交通条件等发生变化时,应具有较高的稳定性,并便于火灾时的气流

组织。

④隧道内营运通风的主流方向不应频繁变化。

七、有害气体设计浓度

CO 设计浓度参照规范中表 3.3.2-1、表 3.3.2-2 选取，交通阻滞时的平均 CO 设计浓度可取 300ppm，经历时间不超过 20min，阻滞段的计算长度不宜大于 1km。

烟雾设计浓度参照规范中表 3.3.3 选取，当烟雾浓度达到 $0.012m^{-1}$时，应按采取交通管制等措施考虑，隧道内进行养护维修时，应按现场实际烟雾浓度不大于 $0.0035m^{-1}$考虑。

稀释异味的隧道空间不间断换气次数，不宜低于每小时 5 次，交通量较小或特长隧道，可采用每小时 3 ~ 4 次（鉴于此项为舒适性指标，故建议取 3 次）。采取纵向通风的隧道，隧道内换气风速应同时不低于 2.5m/s。

长度大于 1500m 且交通较大的隧道应考虑排烟措施。火灾时排烟风速可按 2 ~ 3m/s 取值，是按一般隧道火灾，产生 20MW 的热量控制的排烟风速取值；对汽油车相撞产生 500MW 以上的热量，排烟风速要求 5m/s 以上。

八、风　　机

常见的风机有轴流风机、斜流风机、混流风机、射流风机等，如图 3-2-2 所示。

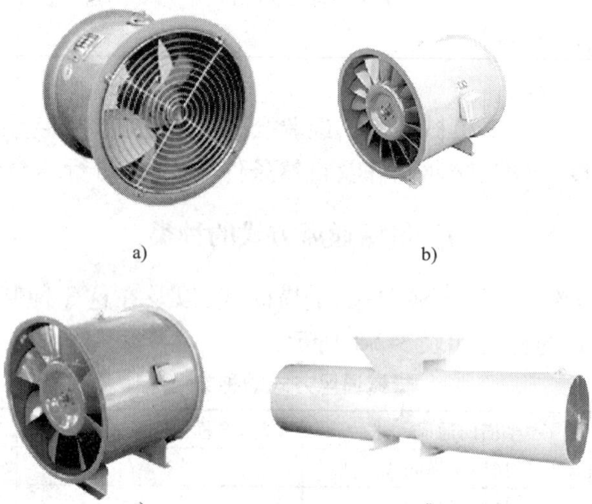

a)　　b)　　c)　　d)

图 3-2-2　几种风机图片

a）轴流风机；b）斜流风机；c）混流风机；d）射流风机

九、射流风机选型与布置

（一）射流风机的选型

在隧道安装空间允许的情况下，设计应首选单机功率 30kW，ϕ1120mm 型的射流风机，这样的风机推力效率高，制造技术成熟。

当隧道发生火灾时，在环境温度为 250℃ 情况下射流风机应能可靠运转 60min，同时要求风机电机绝缘等级不低于 H 级。射流风机的防护等级应不低于 IP55。

(二)射流风机的布置

距进洞口约200m范围之内,汽车带进隧道的新鲜空气量是足够的,因此在该段落内不宜布置射流风机。风机距变电所越远,电压降越大,所需电缆直径越大,材料费用越高,因此风机布置还应考虑经济性。

据实验测试,口径小于1000mm的射流风机间距宜小于120m,口径大于1000mm的射流风机间距宜大于150m,由此风机能产生较好的升压效果。为了便于变电所的设置,对于长度$1000m \leqslant L < 1500mm$的隧道,左线隧道和右线隧道的射流风机宜设置在隧道桩号的同一端。

射流风机应设置于建筑限界以外20~25cm处,风机轴线与隧道轴线平行。

十、轴流风机选型与布置

(一)轴流风机的选型

应结合使用条件、隧道需风量、全风压及全性能曲线选择风机。通过适当的公式来确定轴流风机的电机功率。

轴流风机的构造形式有卧式和立式,均可采用,国外两种形式都有,我国目前多采用卧式风机。特长隧道通风一般采用满足大风量低风压的轴流风机,轴流风机体积小,与土建易配合,风机效率高,火灾排烟逆转方便,但价格高、噪声大。

当隧道发生火灾时,轴流风机应能在环境温度为250℃情况下可靠运转60min以上,恢复常温后,轴流风机不需大修即可投入正常运转。

(二)轴流风机的布置

轴流风机宜并联设置,每一通风系统一般设置2~3台。并联运行的轴流风机必须采用相同规格,即相同的叶轮直径、全压、流量、电机功率。

十一、风机房、通风井

(一)一般规定

(1)风机房与通风井应从功能要求、位置选择、外观协调、环境保护、养护维修及营运管理等方面综合考虑,作出合理规划与设计。

(2)风机房空间应能布置轴流风机、电气设备、控制设备和其他辅助机电设备,并有大型设备搬运通道和工作通道等。

(3)风机房宜靠近隧道布置。

(4)当风机分期安装时,应考虑预留空间和连接装置。

(5)风机房与风道的连接处,其周壁必须密封,严禁漏风。

(6)风机房与通风井内应采取严格的防排水措施,严禁渗漏水。

(7)通风井顶部应设井帽,防止雨水进入井内。

(二)洞外风机房

风机房可设于通风井井口附近,应根据通风井周围地形条件、两洞口轴向间距等因素,确定风机房位置,并注意与环境的协调。城镇附近的隧道还应考虑对洞口附近居民及城市设施的影响。还应修建一条通往洞外风机房的永久便道,用于前期施工、后期维护。

(三)洞内风机房

洞内风机房占用竖井口的征地少,工作人员上下班可有隧道洞口乘汽车进入,值班室为地下结构，四季温差小，设备运行不受温差影响。但机房、值班房、维修室、配电间、多条联络风道均为地下结构，工程难度比地面建筑大、费用高，采光条件和通风条件差，工作人员常年在地下工作有碍健康，空间狭小，设备拆装更换困难。因此洞内风机房应考虑防潮、防尘、降噪、通风和温度调节。

（四）通风井的排风扩散要求

对于地处城镇的隧道，竖井换风塔的设计应根据所处位置注意防止排风扩散对周围大气环境的不良影响，必要时应对此影响作出评价并采取防范措施。其调查和评价内容应包括排风的上升高度、排出角度、扩散宽度、扩散浓度以及井位附近的大气主导风向等。

竖井换风塔应设置在地形较为开阔其扩散效果良好的地带。换风塔设于山坳中时，在地势上应有一方超开阔方向，以提高换气质量。风塔排风口高度宜高出送风口5m。

十二、风　道

（一）一般规定

（1）风道设计在满足技术要求的前提下，综合考虑建设费用和养护费用等因素。

（2）风道内设计风速宜在13～18m/s范围内取值。

（3）内壁面应平滑，减小摩阻力。

（4）风道在弯曲、折曲、扩径、缩径、分叉等变形处应采用曲线相连接、平顺过渡。

（5）送风机前后附近的风道内不得产生偏流、回流及涡流等。当弯道为90°时，应在转角处设置导流叶片。

（6）在风道吸入口应设置网状门，防止异物吸入。

（7）应防止风道内与风道口结冰。

（8）排风口处宜设置水喷淋进行冷却空气。

（9）风道内隔板必须密封并具有耐久性，不得漏风。

（二）连接风道

（1）连接风道包括隧道主动与风机房之间的连接风道、竖井与风机房之间的连接风道等。

（2）连接风道断面积、长度和断面形状等的设计，应进行经济分析比较。

（3）连接风道内的风速损失由摩阻损失与风道形状变形（如弯曲、断面扩大与缩下、分叉、合流等）产生的局部损失两部分构成，不得缺漏。

（三）各类风道的压力损失

风道摩阻损失系数和风道变形损失系数的取值对压力损失的大小有着密切关系，应合理取值。

当风道在短距离内出现变形（弯曲、折曲、突扩、突缩等），其压力损失非常大，应尽可能通过实验来确定具体的压力损失系数值。

各类风道的压力损失系数可参照《公路隧道通风照明设计规范》的附录A取值。

十三、火灾时的通风设计

（1）通风设计时必须考虑火灾对策，长度大于1500m且交通量较大的隧道应考虑排烟措施。

（2）火灾时排烟风速可按2～3m/s取值。

(3)火灾时排烟应按长度分区,分区长度可取1000m,各分区应有相应的火灾排烟要求及人车逃离方案。

(4)纵向通风应视隧道内火灾点的位置确定风机的正反转,应尽量缩短火灾烟雾在车道内的行程。

(5)运送易燃易爆危险品的车辆通过长或特长隧道时,应有引导车在规定时间内引导通过。

(6)设置横洞的隧道,横洞门应有防烟功能。

十四、通 风 控 制

当隧道内发生如火灾等异常情况时,应通过对异常情况的监控和通风控制,使异常情况的规模得到控制,并尽快恢复正常的营运环境。

控制方式大致可分为自动控制和手动控制两类。每座隧道根据其隧道长度、公路等级、交通量等要素选择哪种控制方式。

自动控制方式由设置于隧道内的烟雾透过率传感器、一氧化碳浓度传感器、车辆检测器、风向与风速测试仪所得到的传感信号,通过控制网络进行风量控制。

手动控制方式是靠人工操纵仪器控制风量,它分为联动控制与单独控制。

(1)联动控制:预先确定风量挡次,通过单手操纵风量各挡按钮,使其相关仪器和机械产生联动,由此控制风量。当自动控制系统出现故障或检修时可使用联动控制;对于高速公路的特长隧道,亦可与自动控制结合使用。

(2)单独控制主要应用在低等级公路中的中、短隧道。

十五、通风控制程序

(一)直接控制法

先通过设置在隧道内各点的烟雾透过率传感器和CO探测器,直接检测行驶车辆排放出的烟雾透过率和CO浓度,然后将检测信息传输到控制中心,经计算机计算后给出控制信号,控制风机运转,向洞内送入新鲜空气,稀释烟雾浓度和CO浓度,以保障隧道内的环境达到预先设定的卫生与安全标准。

(二)间接控制法

该方法可根据进入隧道前区段的交通量信息及埋在洞内路面下的车辆检测器,实时了解隧道内交通量、行车速度、车辆构成等,通过监测交通流状况,分析并计算出车辆烟雾和一氧化碳的排放量,实施风量控制。

(三)程序控制法

该方法不考虑VI、CO浓度及交通量的变化情况,而是按时间区间(如白昼与夜晚、节假日与平时)预先编成程序来控制风机运转。

(四)风量级挡的设定

应设定相应于营运条件的风量级挡,作为风量控制依据。

风量级挡的划分不宜过细,并应充分考虑营运动力消耗与风机运行时间。当隧道通风系统中有送风机、排风机与射流风机时,应针对各种风机确定合理的组合风量级挡。

(五)风机调节风量的措施

射流风机宜采用控制开启台数来调节风量;轴流风机宜采用台数控制法、转速控制法、叶片安装角度控制法3种来调节风量。

子项目3-3　隧道火灾报警、消防控制子系统的实现

【子项目描述】

能力目标

■ 能够识读隧道火灾报警、消防控制系统图纸；能够完成故障检测与排除。

相关支撑知识

■ 隧道火灾报警、消防控制系统原理和设备知识。

训练方式、手段及步骤

■ 在隧道现场实习。

■ 绘出隧道火灾报警、消防控制系统的接线图。

考核标准

■ 实习报告完整详细，结构图准确。

任务1　理解隧道火灾探测报警系统

一、火灾探测报警系统设置原则

根据《高速公路隧道监控系统模式》(GB/T 18567)，当隧道内交通量和隧道长度的关系达到B级以上(日交通量达到40000辆以上或隧道长度5000～10000m)水平时有必要在隧道内设置自动火灾报警检测系统。一般每套火灾探测报警系统至少配置一台报警控制器，其他设备的选取如表3-3-1所示。

隧道火灾报警设备适用表　　表3-3-1

隧道部位 / 设备名称		隧道内	隧道工程建筑物内			配置要求
			中控室及设备房	配电房及地下风机房	发电机房备用	
室外下位机		▲				每100m一台
室内下位机			▲	▲	▲	在建筑物相应位置进行设置
手报按钮		▲	▲	▲	▲	隧道内每50m一个，与消防设备同址设置，建筑物内按需设置
探测器	线型感温	▲				沿隧道长度分段(50m)连续布设
探测器	点型感烟		▲	▲	▲	按GB 50116设计规范设置
探测器	点型感温				▲	按GB 50116设计规范设置
光端机及光纤						隧道口距控制器大于1200m时选用

续上表

设备名称 \ 隧道部位	隧道内	隧道工程建筑物内			配置要求
		中控室及设备房	配电房及地下风机房	发电机房备用	
中继器					系统采用电缆传输而隧道口距控制器大于600m且小于1200m时选用
分支器					传输线路有多个分支时选用

注:▲处表示该行所对应的设备需要放置到该列所对应的位置。

二、隧道火灾探测报警控制系统

火灾报警子系统用于隧道内发生火灾时,发出紧急信号,迅速通告隧道监控站,请求灭火、救援等活动。报警方式有:手动报警按钮和火灾自动探测器两种。

火灾探测器是系统的"感觉器官",它的作用是监视环境中有没有火灾的发生。一旦有了火情,就将火灾的特征物理量如温度、烟雾、气体和辐射光强等转换成电信号,并立即动作,向火灾报警控制器发送报警信号。对于易燃易爆场合,火灾探测器主要探测其周围空间的易燃气体浓度,在浓度达到爆炸下限以前报警。

火灾报警控制系统原理图如图3-3-1所示:

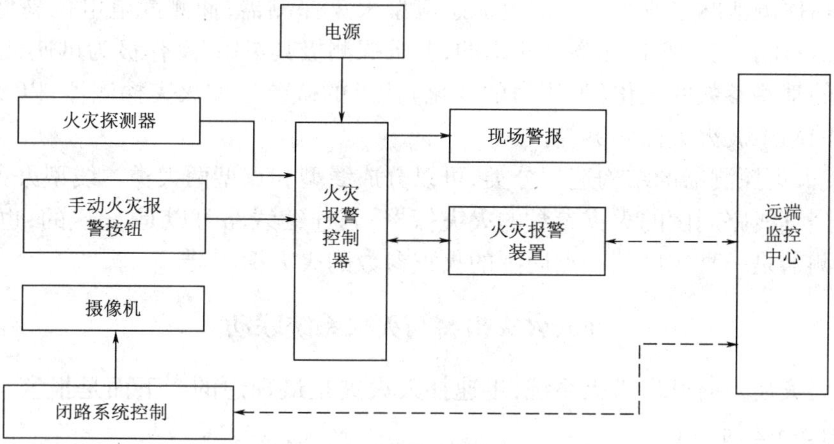

图3-3-1　火灾报警控制系统原理图

三、火灾探测器

(一)感温火灾探测器

这是一种响应异常温度、温升速率和温差的火灾探测器。又可分为定温火灾探测器——温度达到或超过预定值时响应的火灾探测器;差温火灾探测器——升温速率超过预定值时响应的感温火灾探测器;差定温火灾探测器——兼有差温、定温两种功能的感温火灾探测器。由于采用不同的敏感元件,如热敏电阻、热电偶、双金属片、易熔金属、膜盒和半导体等,又可派生出各种感温火灾探测器。

（二）感烟火灾探测器

这是一种响应燃烧或热解产生的固体或液体微粒的火灾探测器。由于它能探测物质燃烧初期所产生的气溶胶或烟雾粒子浓度，因此，有的国家称为感烟火灾探测器。它是一种"早期发现"探测器。气溶胶或烟雾粒子可以改变光强，减小电离室的离子电流以及改变空气电容器的解电常数半导体的某些性质。由此，感烟火灾探测器又可分为离子型、光电型、电容式和半导体型等几种。其中光电感烟火灾探测器，按其动作原理的不同，还可以分为减光型（应用烟雾粒子对光路遮挡原理）和散光型（应用烟雾粒子对光散射原理）两种。

（三）感光火灾探测器

感光火灾探测器又称为火焰探测器。这是一种响应火焰辐射出的红外、紫外、可见光的火灾探测器，主要有红外火焰型和紫外火焰型两种。

（四）气体火灾探测器

这是一种响应燃烧或热解产生的气体的火灾探测器。在易燃易爆场合中主要探测气体（粉尘）的浓度，一般调整在爆炸下限浓度的1/5～1/6时动作报警。用作气体火灾探测器探测气体（粉尘）浓度的传感元件主要有铂丝、铂钯（黑白元件）和金属氧化物半导体（如金属氧化物、钙钛晶体和尖晶石）等几种。

（五）复合式火灾探测器

这是一种响应两种以上火灾参数的火灾探测器，主要有感温感烟火灾探测器、感光感烟火灾探测器、感光感温火灾探测器等。

（六）其他火灾探测器

它们包括探测泄漏电流大小的漏电流感应型火灾探测器；探测静电电位高低的静电感应型火灾探测器；还有在一些特殊场合使用的，要求探测极其灵敏、动作极为迅速，以至要求探测爆炸声产生的某些参数的变化（如压力的变化）信号的微差压型火灾探测器；以及利用超声原理探测火灾的超声波火灾探测器等。

另外，按火灾探测器的结构造型分类，可以分成线型和点型两大类。线型火灾探测器是一种响应某一连续线路周围的火灾参数的火灾探器，其连续线路可以是"硬"的，也可以是"软"的。点型探测器是一种响应某一点周围的火灾参数的火灾探测器。

四、火灾报警与灭火系统联动

探测到火灾后及时开启灭火系统，迅速扑灭火灾是最理想的。下面是报警与灭火联动的示意图，如图3-3-2所示。

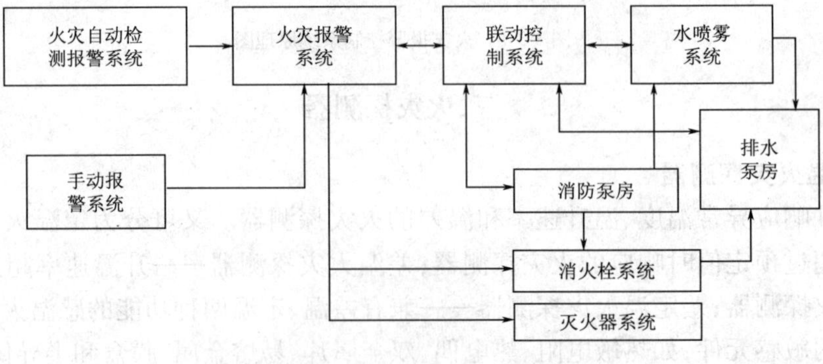

图3-3-2　火灾自动报警及联动灭火系统框图

任务2　了解消防灭火系统①

一、消防系统总体设置原则

隧道消防贯彻“以防为主、防消结合”的方针。要做到立足于防灾进行设计，同时隧道内一旦出现火灾，必须做到早发现，及早扑灭，避免小火酿成大灾。对于隧道内发生的初期火灾，采取“自救为主，外援为辅”的原则，确保使隧道使用者能够方便地使用隧道内的消防报警和灭火设备。一旦发生较大火灾，应为隧道内人员提供基本的逃生手段。

隧道消防设施在满足《公路隧道交通工程设计规范》（JTG/T D71—2004）的基础上，针对高速公路的实际情况，进行相应的规划、设计及运营管理。

具体说来，隧道消防系统的设计应遵循如下原则：

（1）对于长度 $L<1000$m 的中、短隧道，可不考虑设置消火栓系统，只设施化学灭火器。

（2）对于长度 $L\geqslant1000$m 的特长隧道，应设置消火栓系统。

（3）对于长度 $L\geqslant5000$m 的特长隧道，宜考虑设置消防车。

隧道的消防设施分为灭火设施及辅助设施。灭火设施包括灭火器、消火栓和固定式水成膜泡沫灭火装置；辅助设施包括消防给水水源、加压提升系统、消防水池及管道等。

二、灭　火　器

灭火器是初期火灾灭火的重要器具，因其操作简单，对小规模火灾能起到一定的灭火作用，故在隧道内有广泛的应用。

中短隧道中灭火设备的设置水平，多数情况下只需设置手提式灭火器，重要的是设置密度要大、取用速度快、使用方便。灭火器对扑灭可燃液体、可燃气体火灾，有很好的效果。

根据《公路隧道交通工程设计规范》规定，灭火器充装量一般可选择5.0～8.0kg，以6.0kg为宜。

三、消　火　栓

消火栓是为了在初期火灾时灭火和防止火灾扩大的设备。

消火栓间距计算可参照现行国家标准《建筑设计防火规范》的方法，但不应大于50m。

由于消防队通常所用的水带为65mm，故隧道内所配置的消火栓栓口应为65mm。

为扑救大火的需要，应采用较大口径的水枪，所以规定水枪喷嘴口径不小于19mm。

国内规定水带每根长度不应超过25m，是考虑在火场使用不便，而隧道与地面建筑不同，故取30m为限。

隧道拱顶高一般为7m左右，由于消防人员在狭窄的空间内灭火需一定的安全距离和有效地扑灭火灾，规定充实水柱不小于10m。

当消火栓栓口出水压力大于50m水柱时，由于水枪的反作用力，难以一人操作，为此应设减压装置。减压装置可采用减压消火栓或减压孔板等，减压后的消火栓处压力仍应满足水枪充实水柱的要求。当静压大于100m水柱时，应采用减压阀进行减压。

---

①本任务的内容基本取自湖南高速公路机电新规划。

四、固定式水成膜泡沫灭火系统

水成膜泡沫浓度为3%是欧洲各国常用浓度，喷射时间不应小于22min，主要考虑用于消防队到场之前的灭火时间。另外，水成膜的供水压力一般为0.4～1.0MPa。

在隧道消防设施中还有两种方式，它们分别是泡沫喷淋和自动喷水灭火系统。

自动喷水灭火系统在隧道内使用国外均持“不推荐”态度，认为喷水不仅无效，而且还有助于火灾的传播或加重火灾的危害，将其有利条件转化为不利条件。但是有条件的，特别在特长隧道的出入口、车行、人行横洞、配电柜、通风井的排风口等地段可考虑设置，这样才能确保隧道的营运安全。

五、消　防　车

长度小于5000m的隧道一般无需单独设置旨在专门为隧道消防服务的专门机构，或指定专门为隧道服务的专用的消防车辆，需要配备消防车时，可以同消防单位协商建立某种联系。灭火作业都可以在消防单位的主持下开展工作。重要的一点是隧道火灾的灭火作业方案都是预先制定好的。

一般长度超过5000m远离城市的特长隧道要考虑配备专用消防车。专用消防车可选用干粉泡沫联用车。

六、消 防 水 源

隧道消防用水在没有市政自来水可利用时，可采用地下水或天然水源。当利用天然水源时，应确保枯水期的最低水位时消防用水，且应设可靠的取水设施。公路隧道一般都远离城市，水源可采用溪水、河水，隧道涌水及地下水等。当取用地下水时可设管井取水。

当有地形可利用时，一般情况下将消防水池设于高处，利用重力流供水，对消防供水较为安全，也可减少用泵加压造成运行费用增加及维护工作量。当无地形可利用时可考虑采用自动加压供水方式，供给隧道消防用水的加压水泵宜采用自灌式引水。

消防水池内的水一经动用，应尽快补充，以便在短时间内可能发生的第二次火灾使用。消防水池的补水时间不宜超过48h。但缺水地区可延长到96h。

七、消防给水管道

隧道内的消防给水管道宜采用内外壁热镀锌钢管或无缝钢管。

相邻双孔隧道的消防管道布置成环状管网可增加管网供水的安全性。

隧道内消防给水管道如为刚性连接须设置管道伸缩器，伸缩器选用应根据温差计算。消防管道穿越路面必须设套管等其他保护措施，以防车辆压坏，影响正常供水。

八、其 他 设 施

高位水池设有水位遥测装置，以便使值班人员能随时直接观察到水池水位情况，避免由于管道、水池漏水，自动抽水失灵，造成水池无水的现象。水位遥测装置包括远距离水位显示仪等。

通风竖井的联络风道口设火灾时热空气降温措施，可采用安装水喷淋头等方法，以保证通风机的正常运转。

任务3　创新思维训练

如果你是隧道管理者，该怎样提高隧道消防水平？你想尝试模拟消防演练吗？

子项目3-4　隧道广播子系统的实现

【子项目描述】

能力目标

■ 能够识读隧道广播系统图纸；能够完成故障检测与排除。

相关支撑知识

■ 隧道广播系统原理和设备知识。

训练方式、手段及步骤

■ 在隧道现场实习。

■ 绘出隧道广播系统的接线图。

考核标准

■ 实习报告完整详细、接线图准确。

任务1　理解隧道广播子系统设置原则

作为长隧道和特长隧道防灾救援的一部分，有线广播系统是一种为隧道管理部门提供的方便、有效的调度、指挥手段，平时用于向隧道内发布交通信息、通知或工作指令，保障隧道交通的安全和畅通；发生灾害事故时，用于广播抢险救灾信息，调度和组织人员车辆疏散，减少灾害事故的损失。

隧道建筑纵向深长，四周硬壁，声学条件差，背景噪声大，因此设计中要重点考虑扬声器的合理布放和线路的传输损耗。下面以终南山隧道广播系统为例来学习。

一、扬声器的布放

考虑到弥补隧道中建筑声学条件的不足，改善广播清晰度，系统应采用多信源、分通道、多负载分音区广播的设计，并配置均衡器、延时器等声处理周边设备。例如终南山隧道工程有两个长达18km左右的特长型隧道，设置6个信源、6路通道和东、西两个隧道负载区，每个隧道划分成90个音区（每音区长200m，每50m一个，共4个扬声器），实行分隧道管理。设备按中央控制室和现场监控室异地设置，两地设备间通过光传输设备连接，实现隧道广播各项功能，满足隧道管理模式变化的要求。

二、传输线路

该工程有两个均长达18km左右的特长型隧道，广播的传输线路长、音区多、线路损耗是必须考虑的。该系统中央控制室与功放综合柜之间用光缆传输，功放与扬声器之间用广播电缆传输。该系统功放的配置采用分散式设置，即每个隧道内配置6套功放综合柜，每套配备均衡器、延时器和功放，设普通和延时两个广播通道；负载为30个音区，每个音区4个号角扬声器，分成两路，一路为普通广播，另一路为延时广播。6套功放综合柜的负载音区覆盖整个隧道。系统的音频和控制信号采用总线方式传输，在主机的控制下，通过指令传输，选通目标音区，实现多音区设置，单音区或多音区广播。

三、广播系统组成

有线广播系统由广播控制台、前置放大器、输入切换器、消防应急切换器、功率放大综合柜及其隧道内扬声器网和专用广播线路组成。

广播控制台、前置放大器、输入切换器、消防应急切换器放置在隧道中央控制室内。广播控制台主要由广播主控计算机、信源设备、数字录音系统等组成。广播主控计算机可用来监听信号，了解广播系统工作情况。消防应急切换器具有广播优先级，即当有在消防应急情况下可强行切断平常广播，进行消防广播。

功率放大综合柜及其隧道内扬声器网设置在隧道内。功率放大综合柜由输出切换器、控制测试器、均衡器、延时器、功率放大器、监听器、信号传输放大器等组成，功率放大综合柜内除输出切换器为单套，其余设备均为双套。功率放大综合柜控制的负载区分为两路，两路可播放不同的内容，每路均设普通和延时广播通道，每路功率放大器按1+1的方式进行热备用，每路扬声器按4个组成一个音区，并分为普通广播和延时广播。在主机的控制下，通过指令传输，选通目标音区，实现多音区设置，单音区或多音区广播。功率放大综合柜采用分散设置方式，设置在隧道北口通信机械室和隧道内紧急停车带处。扬声器采用15W防水号角扬声器，安装在行车方向左侧的隧道壁上，间距50m左右。

秦岭终南山公路隧道的中央控制室距离隧道洞口大约还有8km左右，在这一段设计中有线广播系统从隧道管理区中央控制室至各个功率放大综合柜的通信线路，利用了为其他系统服务的隧道主干光缆和光传输设备，从而降低了信号在线路传输中的损耗。隧道内功率放大综合柜至各个扬声器的通信线路采用广播电缆传输。

任务2 了解隧道广播子系统产品

下面以某公司的隧道广播产品为例来了解。

ETGB-IA型隧道广播系统是高速公路隧道专用广播系统，它可以与ET－ⅣA型紧急电话系统合用，也可作为独立系统使用。当隧道出现紧急情况时，监控中心可以利用隧道广播系统进行广播，及时疏导交通，如图3-4-1所示。

ETGB-IA型隧道广播系统从2001年开始已经在诸多高速公路隧道中得到成功应用，如浙江杭金衢高速公路新岭隧道、福建漳诏高速公路苦致山隧道和大步山隧道等。

该高速公路隧道广播系统由主控机、麦克风及其他音源、传输介质、控制模块、功率放大器和号角扬声器等组成，并可通过光纤接入网管理远端功放及控制模块。系统组成灵活多样，可根据用户不同需求，选择不同音源，如卡座、CD、收音机等。主控机接口丰富，能直接连接到市话网，有标准RS-232数据输出口。

广播系统的功率放大采用近端放大，功率放大器是专为隧道广播设计的，采用密封型外热式结构，整个功率放大器表面无任何旋钮、接线柱等易损零件。每个功放及控制模块最多可带10只扬声器、分两个音区。程序控制的工作方式，将广播系统的功放及控制模块安装在隧道内，每间隔30m（或50m）安装一个（或一对）强指向扬声器。

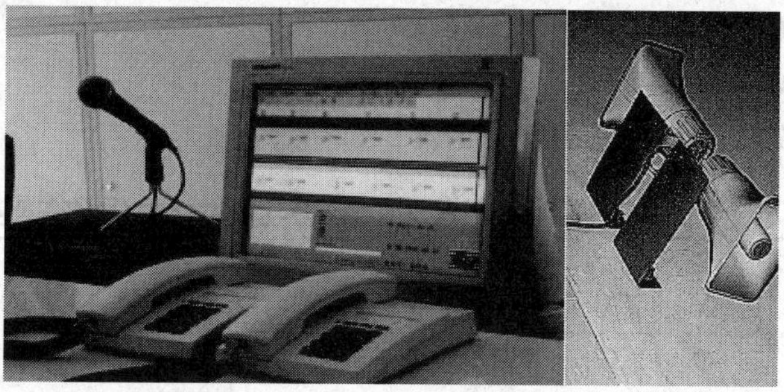

图3-4-1　ETGB-IA型隧道广播系统

一、系统主要功能

（1）中心控制台任意指定分区广播、全线广播。

（2）每一台功放模块最多可以驱动10个20W的高音扬声器。

（3）同时启动广播系统和对应点的紧急电话分机，可有效地对广播系统进行监听。

（4）控制台能对所有广播功放控制模块进行定点检测，检测结果及时显示记录在主控机上。

（5）系统检测可以是定时的（例如每天零点零分），也可以单个模块检测、多个模块检测或全部模块检测。

（6）当功放控制模块出现故障（如打开前面板）时，能自动报警。

（7）主控机上能及时显示广播系统的工作状态，隧道广播的分布图以及相应的隧道分机公里标地址等。

（8）操作管理计算机设置了口令管理，能够有效地防止误操作而破坏数据库数据。

（9）系统采用主叫控制，控制台广播释放后系统能自动进入待机工作状态，以减少功耗。

（10）广播时语音清晰，声音洪亮，无回授啸叫。

（11）主控机可以调节下端功放的音量。

（12）自动语音警示功能，启动后可不间断重复广播，警示音内容可自行录制。

（13）所有广播内容可以自动录音，并以文件形式保存在主控机硬盘上以便查询。

（14）可接收远端电话进行广播，当上级部门打来电话时，如需广播，值班员只需点击鼠标即可。

二、主要技术指标

（1）语音频带：300～3400Hz

（2）单个广播额定声压级强度：≥110dBA，（广播正前方100cm处测得）

（3）谐波失真系数：≤0.5%（1kHz）

（4）广播待机功耗≤5W

（5）广播功放模块功率：200W（R、M、S）

（6）输出电压：120V（R、M、S）

（7）信噪比：≥60dB（0 dB输入时≥84dB）

(8)温度保护:≥80℃自动保护

(9)平均无故障时间(MTBF):≥100000h

(10)环境温度:-10~+40℃

(11)相对湿度:10%~90%

(12)大气压力:80~160kPa

(13)电源电压:220V±15%,50Hz±2Hz

子项目3-5 隧道交通诱导与控制策略

【子项目描述】

能力目标

■ 能够实施隧道内发生交通事故或灾难情况下的交通诱导预案。

相关支撑知识

■ 交通诱导及灾难应对知识。

训练方式、手段及步骤

■ 分组讨论某隧道灾难情况下的应对预案。

考核标准

■ 积极参与程度。

任务 某隧道交通诱导与控制策略讨论

当隧道在运营过程中发生交通阻塞、交通事故、火灾事故、洞内环境指数超标、隧道内突然断电等情况时,就需要由监控系统自动切换实施预先设计好的交通诱导与控制预案,达到诱导和控制隧道内车辆的目的。

下面以外笼山隧道为例,介绍不同状态下的隧道交通控制方式(内容摘自长安大学单永欣的硕士论文《公路隧道交通诱导与控制策略研究》,有删节)。

一、外笼山隧道工程概述

外笼山隧道是宁(波)台(州)温(州)高速公路瑞安龙头至苍南分水关段项目机电工程隧道群之一。外笼山隧道左洞长1285m,右洞长1322m,为单向行驶的双车道双洞隧道。主线按重丘高速公路标准设计,几何设计速度120km/h,隧道净高7.12m(建筑限界净宽10.75m,净高5m),本隧道机电工程管理设施按通行能力B级设计,即80km/h标准设计。

在外笼山隧道内每隔约300m设置一组车道指示器,共20台;在隧道交叉道前设1组可变交通信号灯、可变限速标志及可变信息标志;在每单洞出入口处各设1组车辆检测器,在每单洞内设置1组车辆检测器,用来检测隧道车辆通行情况;另外隧道每单洞内设洞内可变信息标志1块,用于发布交通信息;区域控制器主控制器采用德国西门子公司快速可靠的SIMATIC S7-300系列可编程控制器;隧道有行人横洞两处、行车横洞一处。外笼山隧道诱导与控制设备如图 3-5-1 所示。

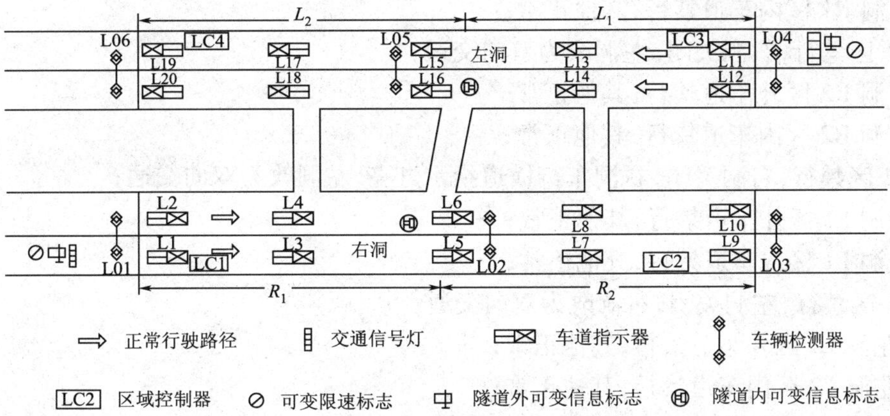

图 3-5-1　外笼山隧道交通诱导与控制设备布设图

二、诱导与控制模式

当隧道内监控系统的检测设备采集的各种参数达到某一特定值时交通管理模式就会自动或人为强制切换。交通管理模式发生变化后，所表现出的是全部或部分交通诱导设备和控制设备的内容或工作状态也发生变化。这些设备包括交通信号灯、车道指示器、可变信息标志以及射流风机等。

外笼山隧道分左洞和右洞，两上两下其 4 车道，隧道有行人横洞两处、行车横洞一处，把隧道分为 L1、L2 和 R1、R2 四个区域，其可能的诱导与控制模式有以下 24 种，这些诱导与控制模式可以单独使用，也可以组合使用。

（一）车道控制（对于单向行驶的双车道双洞隧道）

以单洞、单道为目标，以交通信号灯、车道指示器和可变信息标志等为控制对象对隧道交通进行控制管理。

（1）左右洞正常开放，四车道；

（2）右洞各道正常，左洞单道（外车道开放、内车道关闭）；

（3）右洞各道正常，左洞单道（外车道关闭、内车道开放）；

（4）左洞各道正常，右洞单道（外车道开放、内车道关闭）；

（5）左洞各道正常，右洞单道（外车道关闭、内车道开放）；

（6）右洞关闭，左洞单洞双向行车（外车道正向，内车道反向）；

（7）左洞关闭，右洞单洞双向行车（外车道正向，内车道反向）；

（8）左洞单道运行（开放外车道），右洞单道运行（开放外车道）；

（9）左洞单道运行（开放内车道），右洞单道运行（开放内车道）；

（10）左洞单道运行（开放外车道），右洞单道运行（开放内车道）；

（11）左洞单道运行（开放内车道），右洞单道运行（开放外车道）；

（12）双洞关闭。

（二）区域控制

以区域为目标，以交通信号灯，车道指示器和可变信息标志等为控制对象对隧道交通进行控制管理。

(1)右洞 R1 区外车道禁行,其他正常;
(2)右洞 R1 区内车道禁行,其他正常;
(3)R1 区禁行,右洞关闭,左洞改为双向交通;
(4)右洞 R2 区外车道禁行,其他正常;
(5)右洞 R2 区内车道禁行,其他正常;
(6)R2 区禁行,右洞关闭,右洞车行横道指示灯亮,左洞改为双向交通;
(7)左洞 L1 区外车道禁行,其他正常;
(8)左洞 L1 区内车道禁行,其他正常;
(9)L1 区禁行,左洞关闭,右洞改为双向交通;
(10)左洞 L2 区外车道禁行,其他正常;
(11)左洞 L2 区内车道禁行,其他正常;
(12)L2 区禁行,左洞关闭,左洞行车横道指示灯亮,右洞改为双向交通。

三、正常运营状态下采用的交通诱导与控制模式

在无火灾报警信号、无超高车辆报警信号、无应急电话、无巡逻车报警信号等情况下,即可按正常运营情况发出信号、控制隧道各有关控制设备,采用诱导与控制模式中(车道控制(1))。其中:隧道入口外的交通信号灯显示绿色"↑",表示此车道可通行;隧道内、外可变信息标志显示"限速 80",将车速限制在设计车速之内,以保持隧道车流平滑顺畅,如图 3-5-2 所示。

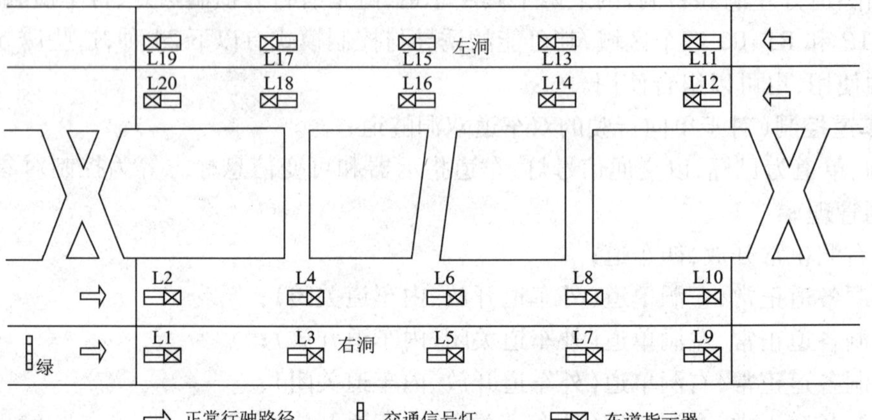

图 3-5-2 正常情况下的隧道交通控制模式图

四、拥挤/阻塞状态下的交通诱导与控制

交通拥挤可以归为常发性拥挤和偶发性拥挤。常发性拥挤是指在交通高峰期引起的交通拥挤,有一定的规律性。偶发性拥挤是指由于交通事故、故障停车、货物散落引起的交通拥挤。如拥挤严重可引起交通的阻塞。由于拥挤/阻塞发生的地点不同。可存在以下 3 种情况:

(1)左洞拥挤/阻塞,右洞单向或双向;
(2)右洞拥挤/阻塞,左洞单向或双向;
(3)左右洞拥挤/阻塞。

根据拥挤/阻塞程度、成因和隧道长度的不同,可以采取两种不同的诱导与控制策略,第一

种为隧道入口调节控制和入口关闭,第二种为可变速度控制。

对于特长隧道可采取隧道入口调节控制,隧道入口外交通信号灯显示绿色;隧道内各车道指示器显示绿色"↑";隧道外可变信息标志显示"隧道拥挤,减速慢行",通过调节交通量,能够使后续车辆减缓进入隧道,从而缓解拥挤、增大通行能力。如拥挤点在隧道下游,则隧道内可变信息标志上显示"前方拥挤,减速慢行",告知行驶于上游的驾驶员隧道拥挤的原因。

对于中短隧道一般采取隧道入口关闭控制,隧道入口外交通信号灯显示红色,表示禁止车辆进入;拥挤/阻塞隧道的单洞外可变信息标志显示"隧道关闭",等待拥挤/阻塞程度缓解、洞内各项环境指标达到要求后再继续通车。

可变速度控制常配合其他控制策略同时使用。

对于常发性拥挤情况,如在某一固定时间内右洞的交通流量显著地大于左洞的交通流量,则可以把左洞改为双向交通,通过右洞联络道处的手动栅栏和交通信号灯引导车辆行驶到左洞的内车道。当右洞的交通高峰期过后,再把左洞恢复为原来的行车方向。(当然,理论上这样做可以分流,但实际这样做有相当风险)

五、交通事故状态下的交通诱导与控制

根据交通事故原因、地点、程度的不同,可以分不同的情况灵活的采取不同的交通诱导与控制模式。如果交通事故导致火灾,按火灾事故处理。

根据外笼山隧道长度和横洞数量,有以下12种情况:

(1)事故地点在R1区,堵塞内道:采用交通诱导与控制模式中的车道控制(4)和区域控制(2)。

(2)事故地点在R1区,堵塞外道:交通诱导与控制模式中的车道控制(5)和区域控制(1)。

(3)事故地点在R1区,堵塞双车道:交通诱导与控制模式中的车道控制(6)和区域控制(3)。

(4)事故地点在R2区,堵塞内道:交通诱导与控制模式中的车道控制(4)和区域控制(5)。

(5)事故地点在R2区,堵塞外道:交通诱导与控制模式中的车道控制(5)和区域控制(4)。

(6)事故地点在R2区,堵塞双车道:交通诱导与控制模式中的车道控制(6)和区域控制(6)。

(7)事故地点在L1区,堵塞内道:交通诱导与控制模式中的车道控制(2)和区域控制(8)。

(8)事故地点在L1区,堵塞外道:交通诱导与控制模式中的车道控制(3)和区域控制(7)。

(9)事故地点在L1区,堵塞双车道:交通诱导与控制模式中的车道控制(7)和区域控制(9)。

(10)事故地点在L2区,堵塞内道:交通诱导与控制模式中的车道控制(2)和区域控制(11)。

（11）事故地点在 L2 区，堵塞外道：交通诱导与控制模式中的车道控制（3）和区域控制（10）。

（12）事故地点在 L2 区，堵塞双车道：交通诱导与控制模式中的车道控制（7）和区域控制（12）。

下面解释其中的两种情况，其余情况读者自己领会。

部分车道受阻情况。以事故地点在 R1 区，堵塞内道为例，说明部分车道受阻情况下的交通诱导与控制方式。隧道的左右洞内、外可变信息标志显示事故内容；事故隧道入口外交通信号灯立即变为黄灯闪。若事故仅造成部分车道受阻，原则上行车横道不用于疏导车辆，而是用于救援车辆的使用，如图 3-5-3 所示。

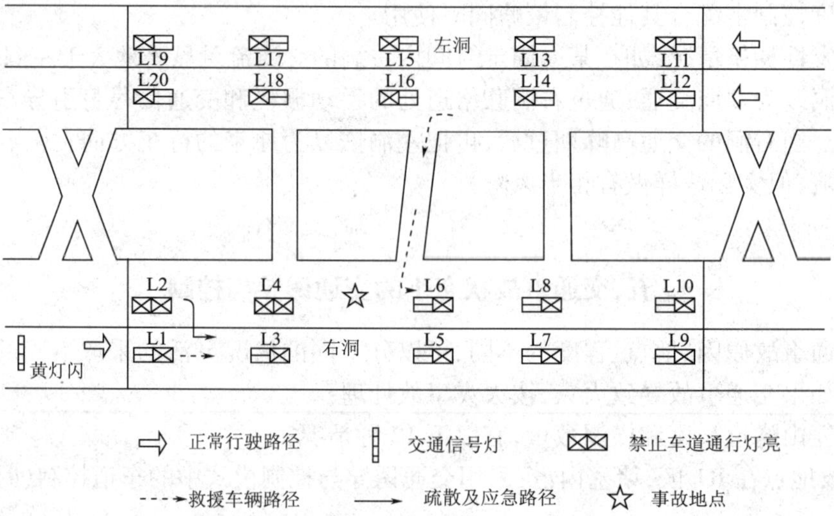

图 3-5-3　隧道内部分车道受阻情况下交通控制模式图

单洞全车道受阻情况。以事故地点在 R2 区，堵塞双车道为例，说明单洞全车道受阻情况下的交通诱导与控制方式。隧道的左右洞内、外可变信息标志显示事故内容。发生事故的右洞入口外交通信号灯立即显示红灯，禁止车辆驶入，如图 3-5-4 所示。

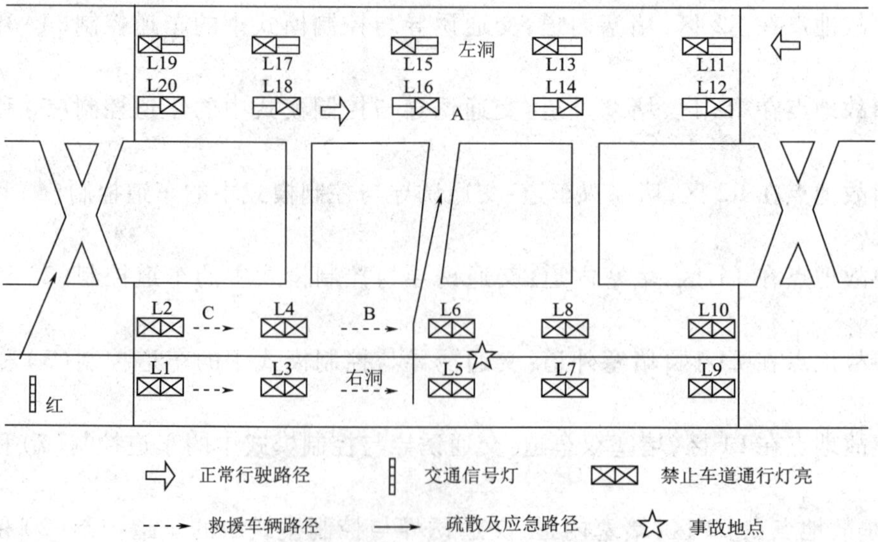

图 3-5-4　单向全车道受阻时的交通控制方式

在单洞全车道受阻情况，首先要尽快调拨左洞 A 点下游的车辆，开启行车横道，供右洞上行线受阻车辆疏散，而后救援车辆才可进入事故隧道，右洞事故点下行线车辆按正常方式尽快离开隧道，由于 B 点附近的车辆接近事故现场，而且 B 点附近车辆的疏散快慢直接影响到救援车辆进入的快慢，所以应及时引导 B 点附近车辆通过行车横道疏散，而在完成调拨车道部署后，C 点附近的车辆以倒车或回转的方式驶离隧道。当发生事故的隧道右洞中受阻车辆疏散完毕后，救援车辆也进入了事故隧道后，左洞内侧车道可开辟为反向行车道。

六、火灾事故状态下的交通诱导与控制

火灾是隧道事故中最为严重的一种。隧道内火灾一般是由于车辆引擎或车上货物着火、车与车相撞或危险品运输事故而引起的，火焰波及范围和火灾损害严重程度同参与燃烧的燃料数量呈比例。车辆损害主要是因为高温烧损，而人员伤亡则主要是异味烟雾窒息（CO 和 CO_2浓度过高）。

根据外笼山隧道的具体情况，将火灾事故分为 4 个区：

（1）火灾点在 R1 区；

（2）火灾点在 R2 区；

（3）火灾点在 L1 区；

（4）火灾点在 L2 区。

火灾一旦发生，首先要采取隧道入口关闭控制，救助洞内的驾乘人员，尽可能及时准确地掌握火灾发生的地点和时刻，并实时观察现场火情发展及灭火效果情况，通过火灾报警和通信系统及时阻止隧道外车辆驶入洞内，组织洞内车辆、人员迅速转移到洞外或其他安全地带，通知并组织消防人员开展救援工作。火灾发生时，交通信号灯、车道指示器、可变信息标志和风机的状态或内容都将发生变化，具体的控制流程一般与单洞全车道受阻的情况相同。但当火灾严重时，对于两条平行的隧道需放下横洞卷帘门，同时酌情停止另一洞的交通。

除上述交通状态外，当夜晚通过隧道的车辆减少和需要清洗隧道时，一般采用封闭一条隧道，另一条隧道开辟为双向交通，交通诱导与控制方式与火灾时双洞单向交通改为单洞双向交通相同。

项目4 车辆检测、气象监测等子系统的实现

子项目 4-1 车辆检测子系统的实现

【子项目描述】

能力目标

■ 能够安装调试各种常见车辆检测仪器。

相关支撑知识

■ 车辆检测器功能、参数、接口知识。

训练方式、手段及步骤

■ 实训室或校外基地完成。

■ 画出接线图,条件许可时完成调试。

考核标准

■ 接线图画正确、调试通过。

任务1 实现环形线圈车辆检测子系统

一、环形线圈车辆检测器概述

车辆检测器用于检测车流量,平均车速和道路占有率等交通流参数。

目前车辆检测有环形线圈、微波雷达、视频、红外、激光等各类检测手段,以环形线圈较为常用。

环形线圈车辆检测器(图 4-1-1)是一种基于电磁感应原理的车辆检测器,它的传感器是埋在路面下的环形线圈(一般为 2×1.5m)。检测线圈通过馈线与检测单元(其基本配置是 CPU、时钟频率、ROM、RAM,高速 A/D 转换器、RS-232C 或 RS-422/485 通信接口等)相连,在正常状态下,检测线圈受到检测器的激励处于谐振状态,如果此时有车辆通过线圈表面,与线圈发生电磁感应作用,引起线圈电感量的变化,检测单元内部的信号调理电路接受此变化量并进行信号处理,将信号处理结果送 A/D 转换器,A/D 电路将模拟信号转换为数字信号,交微处理器处理。微处理器将数据处理结果和检测器工作参数比较,即可得到车辆行驶速度、车辆类型(大型、中型、小型),道路占有率、车头距和交通量。

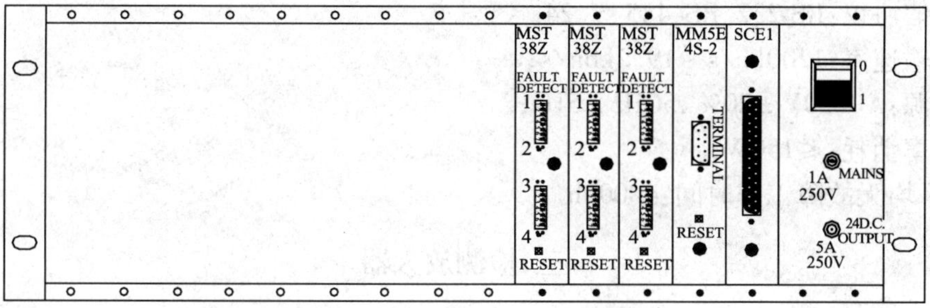

a)

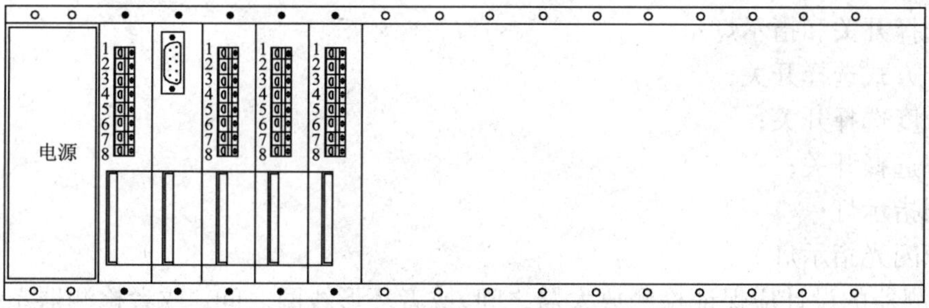

b)

图 4-1-1　车辆检测器示意图

a)前视图;b)后视图

二、功能及技术指标

(一)检测单元

检测单元的具体性能指标如下:

(1)具有检测路上每一车道所通过的车辆数、瞬时速度、车头时距、道路占有率、交通流方向等功能;

(2)交通量检测精度:二轮以上机动车交通量检测精度≥98%;

(3)车速测速范围及精度:0~200km/h(±3%),检测精度≥95%;

(4)占有率检测精度:≥95%;

(5)灵敏度选择开关,每通道一个,该开关允许对每车道进行灵敏度的调整,共有8级(0.01,0.02,0.04,0.08,0.16,0.32,0.64,1.28);

(6)工作频率选择4级:高、中、低及超低(16~116kHz);

(7)检测指示灯:每通道一个。

(二)控制处理单元

控制处理单元收集传感器输入的数据并进行预处理,然后以数据块的方式传到监控分中心。控制处理单元的技术指标描述如下:

(1)中央处理单元为16位处理器;

(2)存储器 EPROM 及 RAM 足够大,已采集的数据用先入先出方式存储时,保证保留最近48h数据;

(3)对于检测到的交通参数,能按10s、30s、1min、5min、15min、30min、1h等周期(此周期可重新设定)进行累计;

(4)数据上传周期:1~10min 可调;

(5)提供2个 RS-232 端口连接中心计算机和便携式计算机;

(6)通信协议:RS-232、RS-485、V.24;

(7)传输速率:1200bit/s ~ 19.2kbit/s;

(8)电源:AC220V ±20%,50Hz ±5Hz;

(9)功率消耗:≤150W;

(10)平均无故障工作时间:40000h。

三、检测放大器

(1)每车道检测放大器电路板均应插在设备柜内的机架上,固定在金属边框里,面板上应有下述的选择开关和指示灯:

①操作方式选择开关;

②灵敏度选择开关;

③频率选择开关;

④检测指示灯;

⑤故障闪光指示灯。

(2)检测器的设计应保证检测放大器之间,或者环形线圈之间,或者检测器系统之间不得出现相互干扰,在同一设备柜中的各检测放大器单元间,或者与之相连接的环形线圈之间不得出现相互干扰。

(3)当外部工作环境条件在允许范围内变化时,检测放大器应稳定工作。

(4)即使环形线圈与地短路,检测放大器亦应能正常工作。

(5)检测放大器应能在电源中断恢复后立即自动投入正常工作,亦应能在暂停使用后或在环形线圈断裂重新接通后,经操作一个按钮或自动恢复正常工作。

(6)检测器在变换工作方式和线圈损坏时应有故障显示。

(7)检测器应配置合适的熔断器,并易于更换。

四、微处理器系统

(一)功能要求

(1)收集环形线圈输入的数据;可预处理并存储每个检测点上的各车道交通监视参数;

(2)对于检测到的交通参数,能按10s、30s、1min、5min、15min、30min、1h等周期(此周期可重新设定)进行累计;

(3)每隔一定周期(此周期可重新设定)将这些参数以数据块的方式传到监控分中心计算机;

(4)监视环形线圈的工作和故障并报告给监控分中心计算机,检测器故障将依靠一个连续的输出信号指示;

(5)系统留有供便携终端读取数据的通信接口、向监控分中心计算机上传数据的通信接口、手动设置参数的控制面板。

(二)技术要求

(1)微处理器可处理至少12组环形线圈传感器的检测数据;

(2)微处理器在采集的数据用先入先出方式存储时,保证保留最近48h数据;

(3)预处理后的数据通过综合通信网传输,传输速率为9600bit/s;

(4)设备应配有过电压和浪涌电压保护装置,在雷击时设备应不受影响,做到在本高速公路使用环境下均能保证设备正常工作。

五、箱　　体

选用的机箱一般应该符合下列指标：

机箱采用专用双层控制机柜，机箱外壳防护等级符合 GB IP65 标准。机箱的所有进出线孔均密封、防水以满足防风雨及防潮的需要；

机箱加装防盗设施，安全规范符合 UL 标准；

机箱体由钢板构成，电磁干扰保护等级为 IEC802 II，可起到屏蔽作用，有效防止了雷电、高中压电线、雷达站及无线电对设备的损害和影响。

六、安　　装

安装在每个收费站主线的两侧。

车辆感应线圈埋设质量非常重要，应敷设在路面之中。一般使用高温导线，切割路面线槽建议使用盘式切割机或类似设备。为防止线槽的直角拐角损坏线圈，建议在直角拐弯处上切一个 45°的斜角。线圈匝数：4 ~ 6 圈，线圈材料：耐高温导线。电感量大小：20 ~ 2000 微亨，视其体检测卡而定。引线要求：不超过 500m，且在引入控制柜之前需双绞屏蔽，一般每米在 15 绞左右，接入车检底板之前不得用其他线引接，如网线等。建议槽宽：4mm，建议槽深：30 ~ 60mm。

在将电缆放入线槽前，线圈末端建议保留足够的余量，便于和馈线的连接。当埋入线圈线槽的高温导线敷设到预定圈数后，沿着引线槽敷设到路边的手孔，以便连接馈线。从高温导线到检测器端子排的馈线建议对绞且馈线长度应尽可能短，以免引入不必要的外界信号干扰。

在 250V 直流电压测试条件下，线圈对地绝缘电阻应大于 10MΩ。

图 4-1-2 是一个典型的埋设，印着车开来的方向的第一个线圈为前线圈，第二个为后线圈，推荐两个线圈的中心距 4 ~ 5m，线圈宽度 2m。图 4-1-3 是线槽截面图。

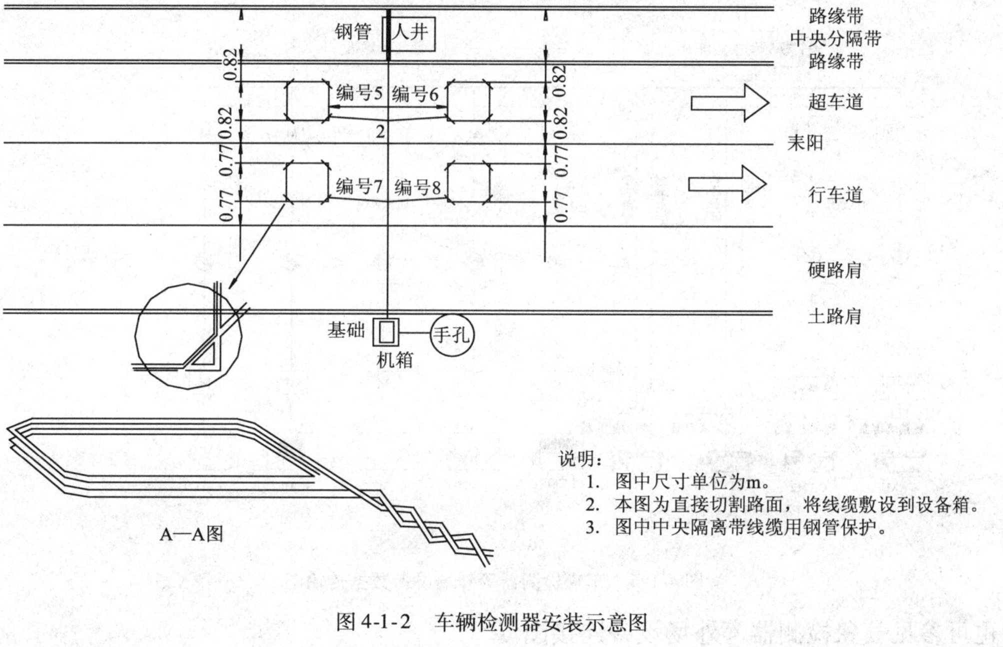

图 4-1-2　车辆检测器安装示意图

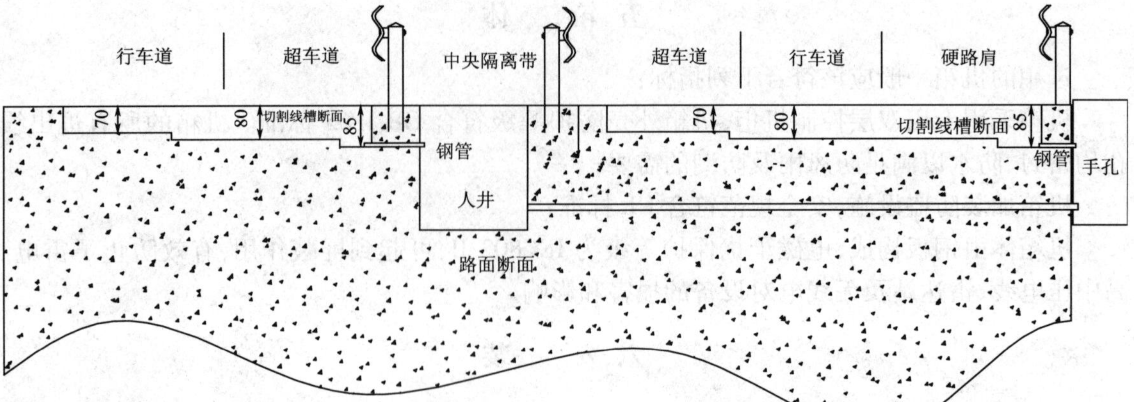

说明：
1. 本图为尾线线槽断面图。
2. 单位为mm。

图 4-1-3　车辆检测器 4 车道线槽截面图

七、实现车辆检测器与监控中心的连接

各外场车辆检测器单元将检测到的交通流数据通过调制解调器和高速公路专用通信网提供的通信信道传输到交通监控中心，由中心计算机系统进行数据加工，分析和处理，并以模拟图形的方式显示在监控中心大屏幕图像投影屏幕上。连接示意图如图 4-1-4 所示。

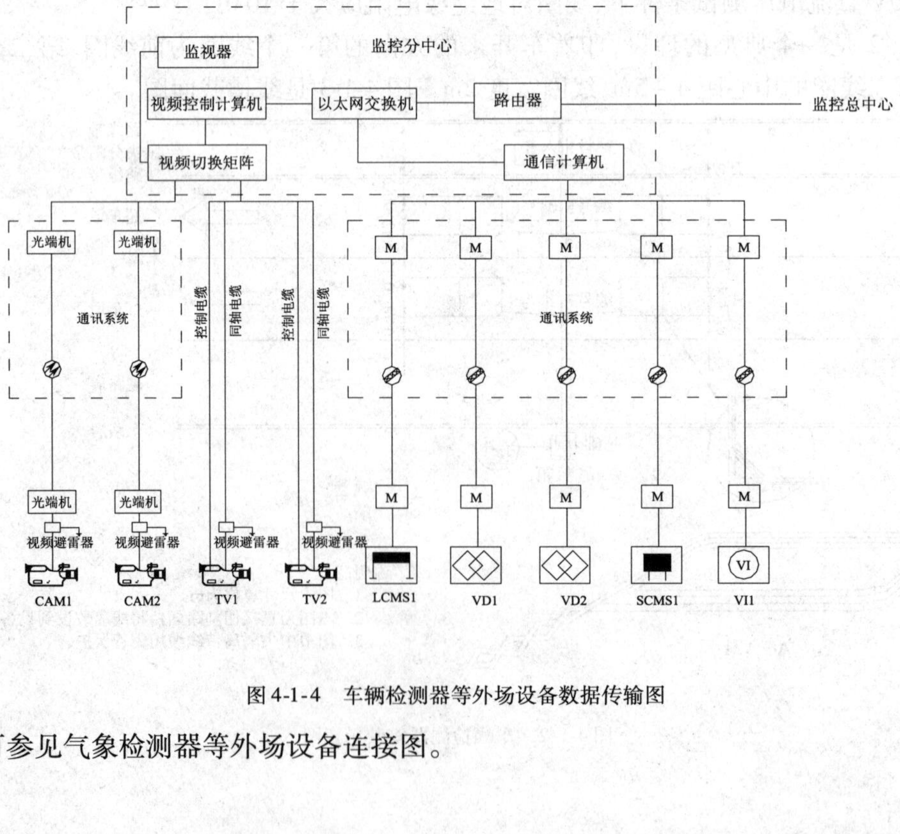

图 4-1-4　车辆检测器等外场设备数据传输图

也可参见气象检测器等外场设备连接图。

任务2　实现视频车辆检测子系统

视频车辆检测系统是运用视频图像处理和计算机图形识别技术进行车辆检测的新技术，它可以取代环形线圈进行高效率的广域视频监视，并能现场实时采集各种交通参数。图4-1-5a）和图4-1-5b）为视频车辆检测系统摄像机的两种布设及检测区域。

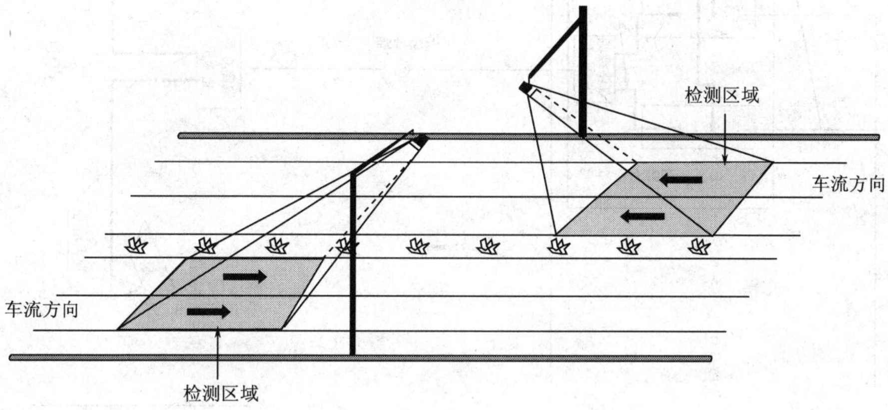

a)

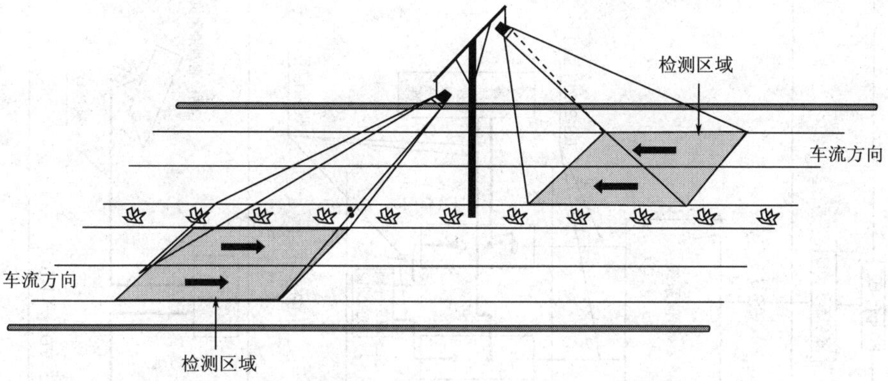

b)

图4-1-5　视频车辆检测系统

a）立于路两侧的视频车辆检测系统；b）立于中央分隔带的视频车辆检测系统

显然，每个监测点至少要设置2台摄像机。2路视频图像可以经一对光端机传输至临近收费站，输入给2台视频数据处理器。处理完成得到的监测数据经通信系统传输至监控分中心计算机系统，完成数据的统一收集、显示。另外，可以由旁通输出2路视频至视频切换矩阵，经编码器压缩后由通信系统传送到监控分中心监视器实时显示。

图4-1-6是临长高速视频车辆检测器信号传输图。

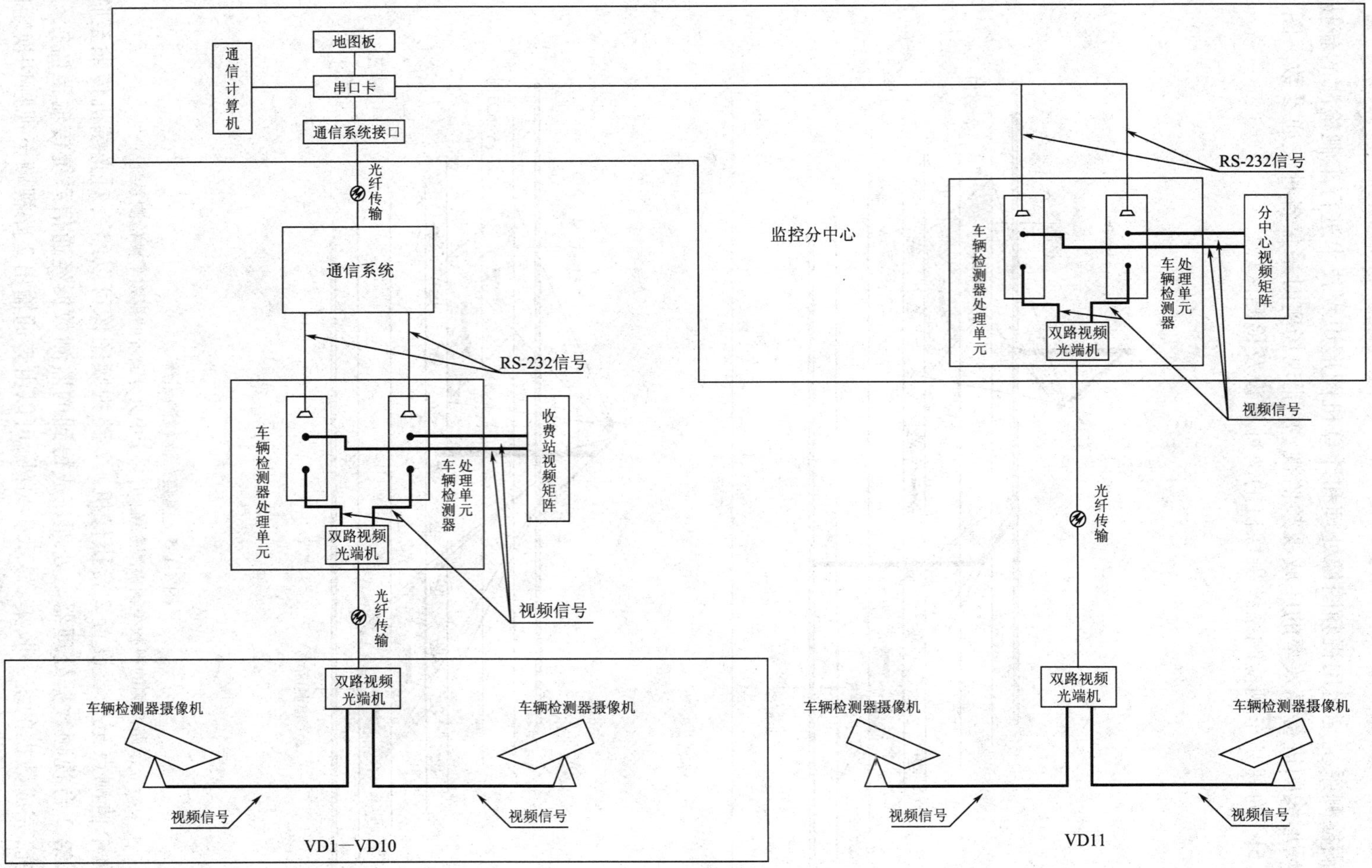
地图板
通信计算机
串口卡
通信系统接口
光纤传输
通信系统
RS-232信号
车辆检测器处理单元
收费站视频矩阵
双路视频光端机
视频信号
车辆检测器摄像机
VD1—VD10
监控分中心
分中心视频矩阵
VD11

a)

图　4-1-6

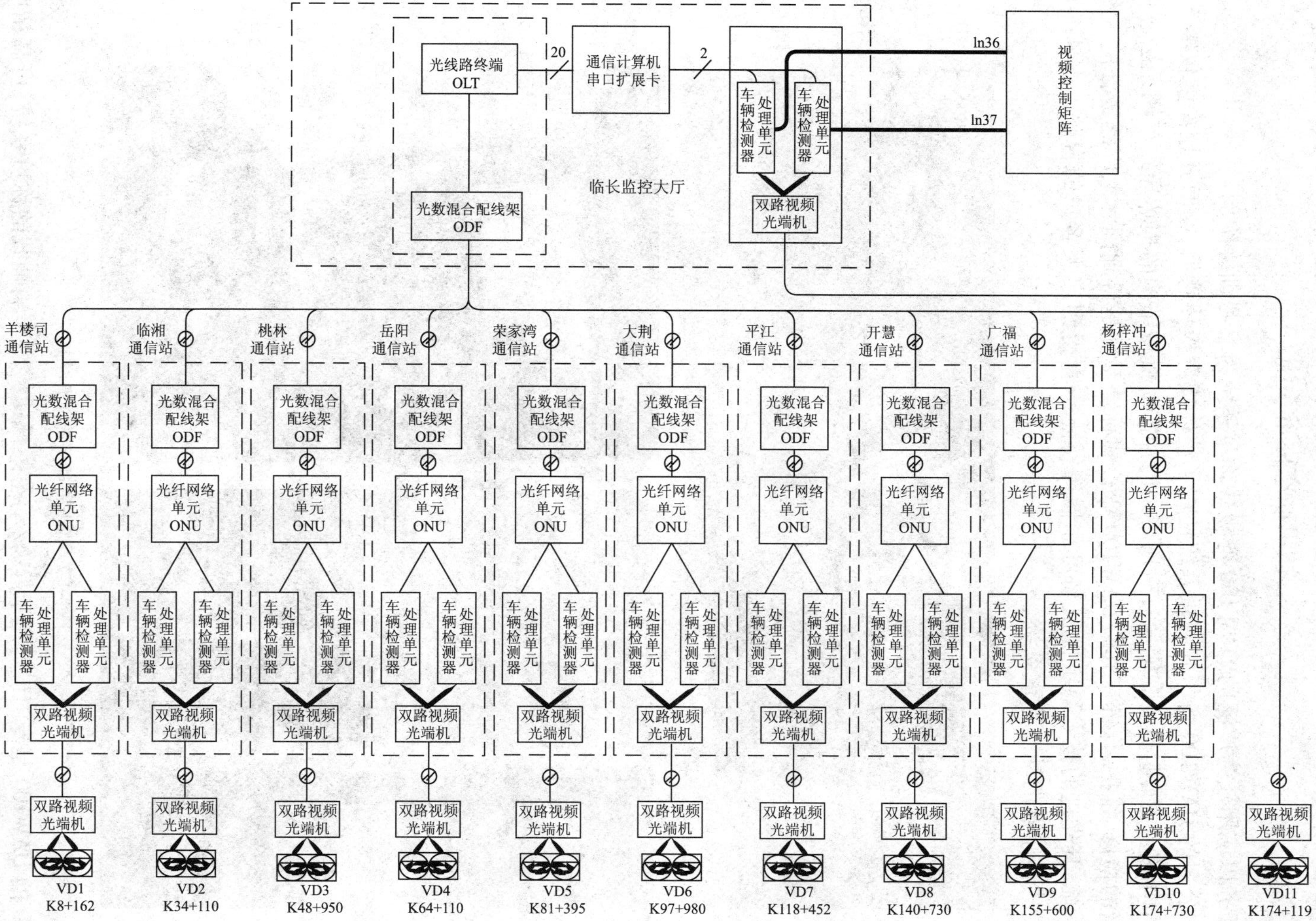

b)

图4-1-6　临长高速视频车辆检测器信号传输图

任务3　实现动态称重器子系统

一、初识动态称重系统

本任务以应用较为广泛的DAW100弯板式称重系统为学习训练案例。

IRD公司的DAW100弯板式称重系统使用了整体式弯板传感器，路面开挖深度仅需5cm，无机械结构，免维护，避免了车辆通过时所带来的冲击对机械结构的损坏导致车辆无法通行及日常大量的检修、维护、保养工作。DAW100弯板式称重系统是得到国际上广泛赞誉的一种动态称重系统，其先进的技术稳定性及高可靠性等特点一直得到广大客户的青睐。图4-1-7为采用弯板式传感器的动态称重系统。

图4-1-7　临长高速用的称重设备

IRD的DAW100是专门设计用于静态/动态中低速检测车辆轴载的称重系统，可高精度并可靠的获得车辆重量及轴载等数据。保证当车辆不规则行驶时（实际使用中最常见的现象）不会对精度产生影响，整个系统具备长寿命和低故障率。在称重系统部件出现故障时，称重系统可向管理软件发送错误信息，便于维护。总体拥有成本（TCP）优于普通机械称台式称重系统。

二、系 统 构 成

系统采用 DAW100 计重收费称重系统，该系统由 2 块 WPS125（超宽车道采用 WPS175）动态弯板式传感器、1 个线圈、1 套红外线车辆分离器、1 个轮胎识别器和 1 个中心处理器构成。

动态弯板传感器主要完成车轴的称重、速度检测、轴型判断等工作。

红外线车辆分离器用来进行车辆的分离及提供开始、结束等信号。

线圈主要用来完成测速、倒车的检测，并与红外线分离器一起对非车辆以外的物体或人通过时的判断，减少出错。

轮胎识别器主要用来检测通过车辆每轴的轮胎数。

中心处理器用来处理来自于各传感器的信号、计算数据，把相关数据通过通信方式送给收费计算机。

数据分析软件包为称重系统配套使用，可按用户要求实现数据分析、统计查询和打印报表等功能。

三、技 术 指 标

（一）总体技术指标

（1）速度范围：5 ~ 200km/h

（2）称重精度：平均误差 < ±3%，最大误差 < ±7%

（3）称重范围：0.3 ~ 20t，最大 30t（每轴）

（4）过载能力：150%

（5）防护等级：传感器 IP67；中心控制器 IP65

（6）相对湿度：0 ~ 95%

（7）MTBF：≥25000h

（二）详细技术指标

（1）传感器尺寸：弯板式 1750mm × 500mm × 23mm

（2）传感器质量：123kg

（3）传感器电缆长度：40m

（4）感应线圈：2500mm × 2150mm

（5）控制器外机箱尺寸：1250mm × 760mm × 450mm

（6）内机箱尺寸：400mm × 380mm × 220mm

（7）电源：此系统使用交流 220V/50Hz 电源供电和一个可充电的 12V 电池操作。另外安装在印刷电路板上的可充电电池可防止程序参数和存储的车辆数据丢失，能保存达 3 个月之久或更长。电源功耗：12V 直流下为 200mA。

（8）传感器工作温度：-45 ~ +80℃（传感器温漂可通过自校正来调节）

（9）路边处理器温度范围：-30 ~ +80℃

（10）输出检测信息为：轮重、轴重、轴组重、总重、车速、轴距、车型（按轴排列分型）、车道号和行驶方向、日期和时间、数据记录序号、总轴距、标准轴载（当量轴次）、车辆加（减）速度、违例代码。

四、系统连接图

DAW100 弯板式称重系统各部分连接图如图 4-1-8 所示。

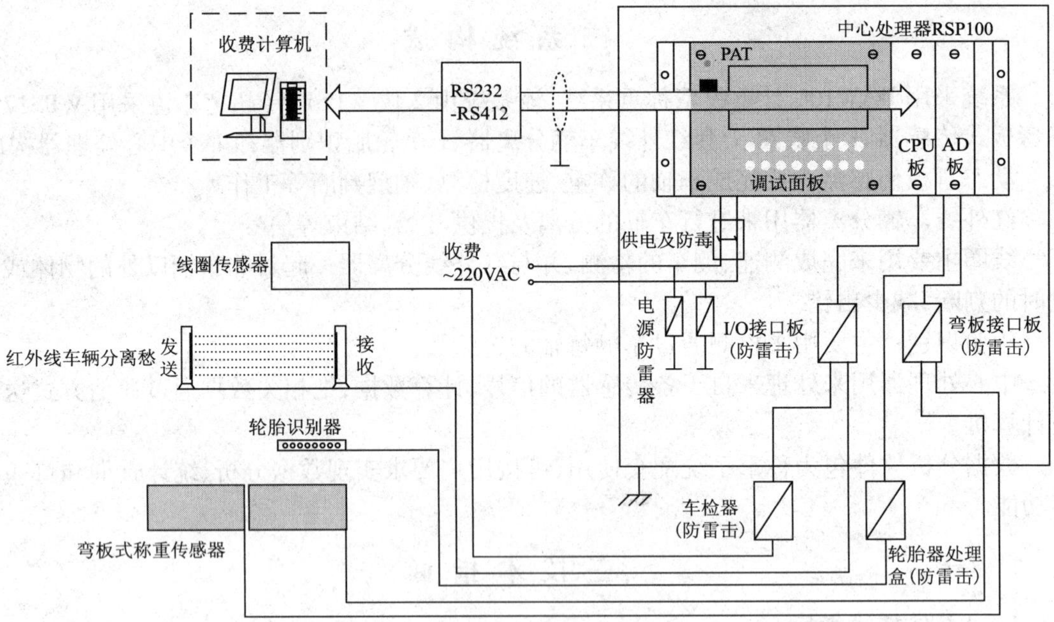

图 4-1-8　DAW100 弯板式称重系统连接图

五、系统布置方案

DAW100 采用前置式布置方式，即在收费前进行检测，根据我国汽车技术规范，货车的长度应不大于 18m，因而为保证在车辆到达收费亭前完成检测，应适当延长收费岛的长度，同时考虑便于规范驾驶人员通过称重设备时的车辆控制，建议收费岛前端到收费亭中心线的距离为 28 ~ 36m。称重系统在车道上的布置如图 4-1-9 所示。

每个车道使用两块弯板，采取交错放置的方式，其前方装有一个线圈，弯板后方装有一个轮胎识别器，弯板前沿处的收费岛上装有红外线车辆分离器，称重处理器机箱装在收费岛上。

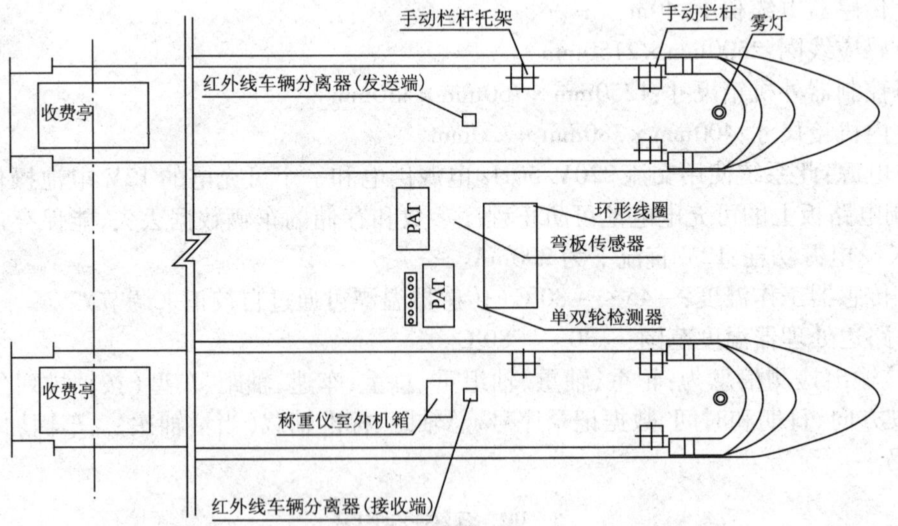

图 4-1-9　称重系统在车道上的布置图

六、系统工作流程

称重系统前置安装于收费车道的入口和出口，是一个完整的、可以独立工作的子系统，收费车道前检测，车辆的行驶情况变化较多（加速、减速、倒车），称重系统与收费软件是以一辆车为一个流程，因而要求不仅应能够处理各种情况，而且必须确保证准确获取每一车辆的数据，确保两者间的数据一一对应。

在本系统设计中已充分考虑到了与收费软件的无缝连接，车道称重系统准确检测每一辆车，将车辆数据以先进先出（FIFO）的排队方式在控制器中保存（可保存10组数据），根据收费系统的请求，依次发送车辆数据，收费软件再进行一一对应，完成后续报警等工作。如果万一出现不对应的情况，收费系统可对称重系统缓冲区进行处理，实现对应复位。基本流程如图4-1-10所示。

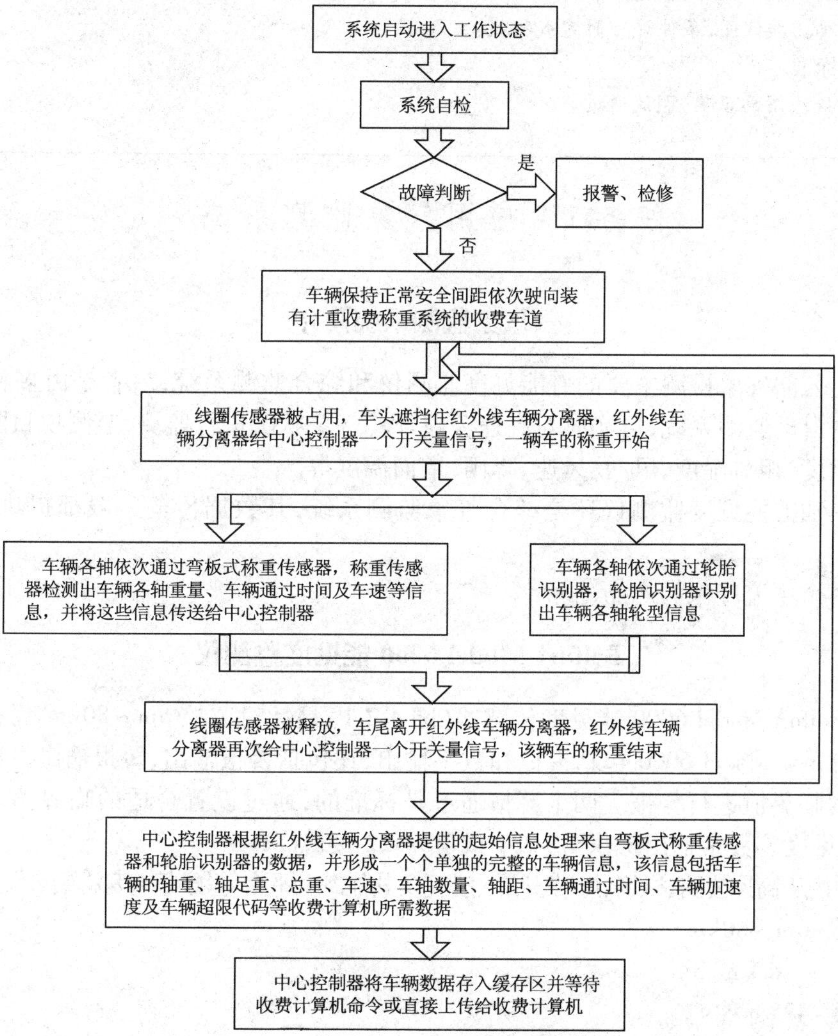

图4-1-10　称重系统工作流程图

任务4　创新思维训练

还有哪些车辆检测技术？你觉得什么样的车辆检测方式是理想的？

子项目 4-2 气象监测子系统的实现

【子项目描述】

能力目标

■ 能够安装调试各种常见气象检测仪器，尤其是能见度监测仪器。

相关支撑知识

■ 检测器功能、参数、接口知识。

训练方式、手段及步骤

■ 实训室或校外实训基地完成。

■ 画出接线图，条件许可时完成接线。

考核标准

■ 接线图画正确，调试通过。

任务 1 应用气象监测系统

一、气象监测系统简介

目前高速公路气象检测主要的有能见度监测仪和综合监测系统，后者是由多种气象要素传感器组成的自动监测系统，可实时对高速公路环境气象状况进行监测，监测项目除能见度外还包括空气温度、相对湿度、风向、风速、降雨、道面温度等。

不论是单独的能见度监测仪还是综合气象监测系统，其数据传输一般都提供 RS-232 或 RS-485 接口。

下面是两个主流厂家的产品。

二、Belfort Model 6000 能见度监测仪

美国的 Belfort Model 6000 能见度传感器（图 4-2-1）是针对监控 6m ~ 80km 范围内的能见度状况而设计的。Model 6000 包括模拟和数字输出，还包括警报输出，警报输出可以按照用户预定的能见度临界值进行警报。两个警报通道是标准的，通过设置合适的临界值，可指示好/中等/差的能见度。数字输出提供 RS-232 或 RS-422 接口。

该设备适用于高速公路、机场、灯塔、港口、船舰及其他海上平台等领域。其主要技术参数如下：

监测范围：6m ~ 80km

精度：+/-10% 或 3m

散射角度：42°标称

光源：红外 LED

输出：

模拟：0 ~ 1，0 ~ 5，0 ~ 10V，4 ~ 20mA

警报：2 路 TTL 输出

数字：RS-232 或 RS-422，300 ~ 38400bit/s

环境:
温度:-40 ~ +55℃
湿度:0 ~100% 相对湿度
能耗:12W 标称,17W 标称带 ALS
遮光罩加热器能耗:25W
尺寸:978mm(宽)×343mm(高)×425mm(深)
质量:8.75kg

图 4-2-1 Belfort Model 6000 能见度监测仪

三、GQJ 高速公路气象监测系统

除了能见度监测器外,高速公路上还常用综合的气象监测系统,如长春气象仪器厂的 GQJ 高速公路气象监测系统(图 4-2-2),是由智能数据采集器控制、多种气象要素传感器组成的自动监测系统,可实时对高速公路环境气象状况进行监测。监测项目有:能见度、空气温度、相对湿度、风向、风速、降雨、道面温度。

图 4-2-2 GQJ 高速公路气象监测系统

四、安 装 示 例

能见度监测器安装在路侧立柱上,其安装位置应远离大树、建筑物,并不应离路边太近,避免影响交通。另外设备安装位置还应保证交通安全,避免损坏。安装图如图 4-2-3 所示。

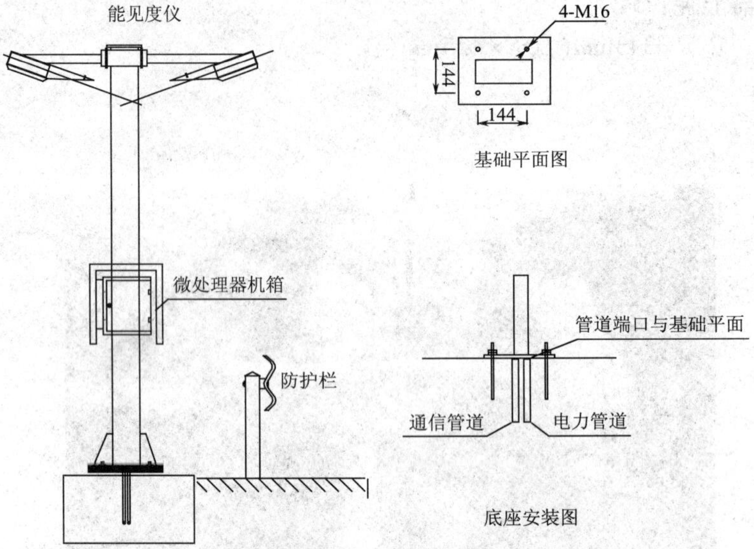

图 4-2-3　能见度监测仪安装示意图(尺寸单位:cm)

五、数据传送方式

(1)方式 1:模拟电话线路 + 调制解调器方式。

这种方式如图 4-2-4 所示。

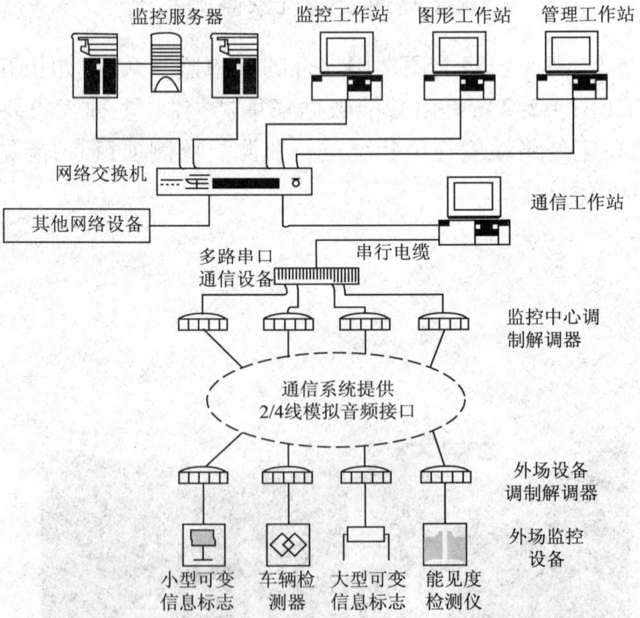

图 4-2-4　模拟电话线路 + 调制解调器方式传送数据图

外场监控设备数据传输采用调制解调器传输方式时在外场设备处需要安装独立式调制

解调器，在中心机房安装具有网管功能的插卡式调制解调器。外场独立式调制解调器通过通信电缆接入到就近的无人通信站，通信系统提供2/4线模拟音频接口。在中心通信站OLT设备上，2/4线音频接口与可插卡式调制解调器连接，建立起外场设备与中心设备之间的数据链路。中心框架式网络管理型调制解调器每个插卡就是一台调制解调器，与外场独立式调制解调器通过通信系统实现一对一连接。框架式调制解调器通过多路串口通信设备和串口电缆与通信计算机相连。在中心框架式调制解调器中安装控制模块，实现对外场独立式调制解调器的配置和管理功能。

调制解调器属于较传统的解决方案，需要与多串口卡或多串口服务器配合使用，应用较早，在2002年之后选用的较少。这里简单介绍一下多串口卡。

多串口卡（图4-2-5）分为智能卡和非智能卡。非智能卡本身没有CPU和RAM，只有控制RS-232界面的芯片（UART）和线路，所有的操作只能由所在主机的CPU来处理，占用主机资源，适用于端口数少且通信速度较慢的应用场合。智能卡配备有CPU和RAM，可自行处理数量较多的数据而不会干扰到主机CPU的工作。智能卡还可过滤错误的数据，以减轻主机CPU的负担，适用于端口数目较多且通信速度要求较快的场合。分布式智能卡还具有可扩展性，可以通过串接方式扩充出几十个至上百个端口，适用于端口数目多，并且传输范围较广的场合。多串口卡主要的作用在于将传输到监控中心的多路RS-232信号连接到通信工作站，解决通信工作站串口数量不足的问题。

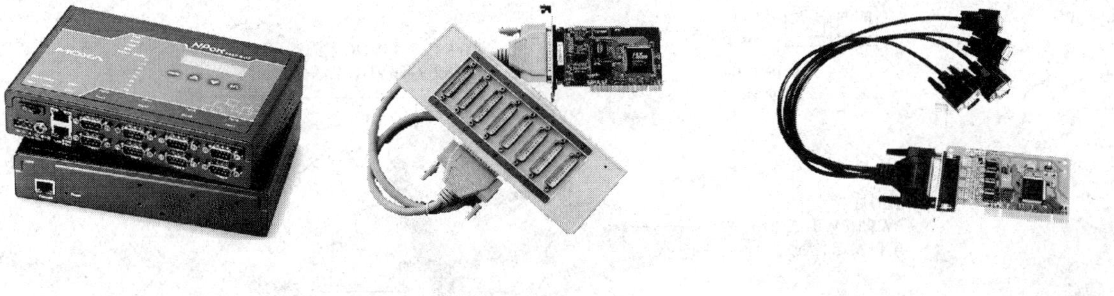

图4-2-5　多串口卡

（2）方式2：以太网+光纤收发器方式。

这种方式如图4-2-6所示。

目前多数厂家的设备均可以提供串口或以太网通信接口，这样可以直接选用以太网接口的数据传输通道。外场设备提供以太网接口，通过光纤收发器和光缆将以太网数据传输到就近的无人通信站，在无人通信站安装一台小型的网络交换机，将通信站附近的几个外场设备数据进行汇接，通过通信系统提供的以太网接口，将数据传输到监控中心的网络交换机上，通过网络交换机连接到通信计算机，实现外场设备的数据采集功能。该方案结构简单，外场设备的以太网端口可选择支持SNMP协议，在中心的管理计算机上安装网管软件，实现对监控系统网络内部所有以太网端口的管理。如外场监控设备不能提供以太网端口，也可以选择单端口的串口服务器，实现将RS-232串口数据转换为TCP/IP协议，最终实现全部为以太网的网络结构。此种组网方式的优点在于目前的通信系统均为收费系统提供以太网端口，监控系统可利用收费系统富裕的以太网端口组成全以太网监控数据传输网络。

串口服务器是异步串行口（RS-232/422/485）和以太网RJ45接口间的转换器，是一个带有CPU和嵌入式OS及完整TCP/IP协议栈的独立智能设备（图4-2-7）。

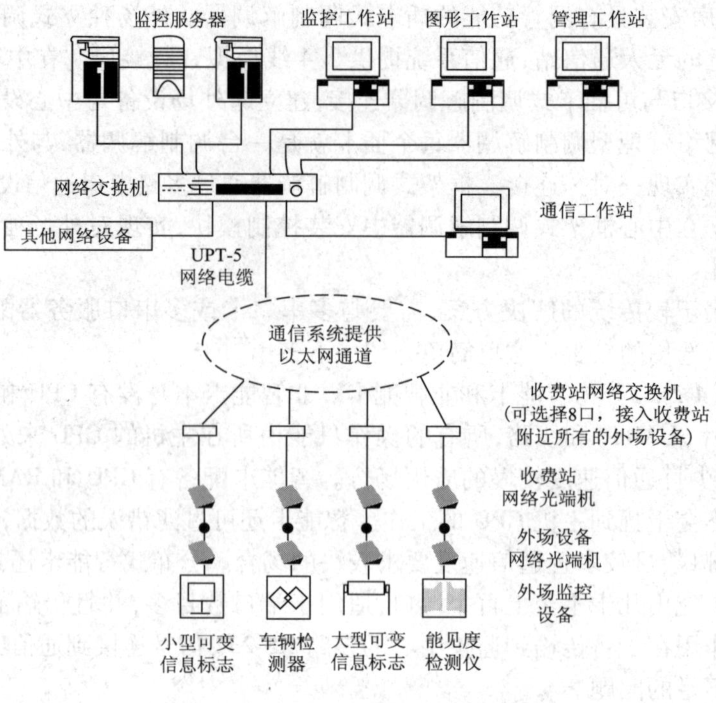

图 4-2-6　以太网 + 光纤收发器方式传送数据图

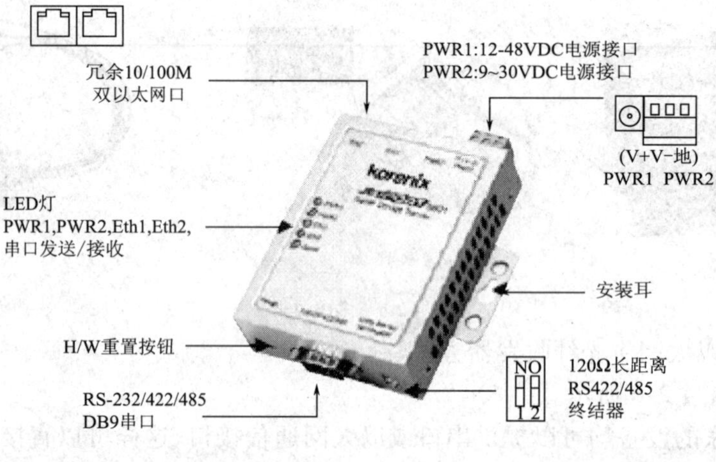

图 4-2-7　串口服务器(一个串口)

串口服务器可以提供 RS-232/485/422 终端串口与 TCP/IP 网络的数据双向透明传输，完成 RS-232/422/485 格式和以太网传输的 IP 包之间的数据转换；也提供串口转网络功能，可以用串口设备连接网络。

串口服务器可看作数据传输系统的一个前端接入和处理设备，用于将低速串口数据转换为 TCP/IP 网络数据。串口服务器就像一个小型的计算机，具备 CPU、内存、网络接口和 OS 操作系统，以及可以在串口和以太网口之间进行双向数据传输的 TCP/IP 协议。串口服务器内置 IP 地址，支持动态 IP(DHCP)和静态 IP，支持网关和代理服务器，内部集成 ARP、IP、TCP、HTTP、ICMP、SOCK5、UDP 等协议，完全符合局域网相关规范的要求；串口可分别提供 1、4、8、16、32 等不同数量的端口，同一个串口服务器可根据数据传输的需要，将串口混合配置为 RS-232或 RS-422 或 RS-485 的不同组合形式；串口服务器支持安全机制，防止未经授权者的非法访问,支持中文菜单配置界面;通信工作站通过 WEB 页面实现对串口服务器的配置、管理和查询功能。

现在,部分串口服务器可提供串口过电压保护功能,用于抵御来自外部的感应过电压,增强设备的可靠性;部分串口服务器还可以配置双网口,实现数据传输到不同的服务器,形成数据传输的冗余备份。

任务 2　创新思维训练

想过把气象检测任务外包给气象部门吗?

项目5　信息发布子系统的实现

【项目描述】

能力目标

■ 能够完成可变情报板、可变限速标志的接线；能够用软件发布信息。

相关支撑知识

■ 信息发布系统原理知识。

训练方式、手段及步骤

■ 实训室或校外实训基地完成接线和信息发布；校外实训基地实习。

■ 画出接线图。

考核标准

■ 接线图画正确，正常发布信息。

任务1　应用可变限速板、可变情报板

一、初识可变限速板、可变情报板

在高速公路上安装可变限速板（图5-0-1）、可变情报板（图5-0-2），对行驶在高速公路上的车辆进行限速、疏导、合理分流、提前预报天气，将大大降低由于大雾、大雪、路面结冰、路况不良、道路管制等原因造成的交通阻塞，减少车辆肇事，提高车辆流通率，可以更好地发挥高速公路高速、高效的作用。

图5-0-1　可变限速板

a)　　b)

图 5-0-2　可变情报板

二、可变情报板的可视性问题

可变情报板设置的距离要保证驾驶员从发现大型显示牌到正确识别信息会有足够的反应时间。图 5-0-3 是驾驶员的可识别区界图。

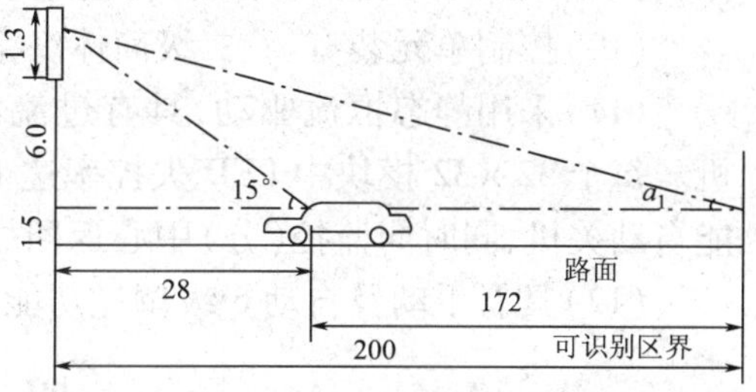

图 5-0-3　驾驶员的可识别区界(尺寸单位:m)

一般来说,需选用不小于 6.4cm 的显示器件为单元像素,组成显示点阵,才能保证显示的分辨率和观察的正确性。而可变情报板的字符尺寸必须不小于 93cm,才能保证车辆以 120km/h 速度行驶时行进中的驾驶员在 200m 处能够正确识别。

下面以西安青松科技有限公司的产品为例介绍其组成。

三、大型可变情报板

大型可变情报板由显示屏、控制器及其内置控制软件、机箱、龙门架、框架、电器保护和防雷装置、基础、安装连接件、电力电缆及信号电缆等组成。

大型可变情报板显示板的显示面积为 10m × 1m,包括 10 个模块。第一个模块为 1m × 1m,主要用于显示图形,解析度 32 × 32 点,采用全彩显示,每个像素由红、纯绿、纯蓝 3 种 LED 组成,其配比达到白平衡,显示板每平方米亮度≥10000cd。其余 9 个模块也分别为 1m × 1m,主要用于显示汉字、英文、符号、图形等,每个模块解析度 32 × 32 点,采用三色显示,显示板每平方米亮度≥8000cd。其主要技术指标如下:

(1)标志内容昼夜清楚可见。观察者(正常人,矫正视力 1.0 以上)在环境照度大于 5000lx 的晴天、太阳光正射标志面的条件下,在规定的视角内能正确认读标志内容的最大距离(静态视认距离)≥300m。

(2)正常情况下,车辆以 120km/h 速度行驶时,观察者(正常人,矫正视力 1.0 以上)在环境照度大于 5000lx 的晴天、太阳光正射标志面的条件下,在规定的视角内能正确认读标志内容的最大距离(动态视认距离)≥250m。

(3)可显示中文、英文及简单图形,无显示内容时,显示屏为全黑,无任何亮点。

(4)大型可变情报板的安装可保证大型载货车驾驶员及小型汽车驾驶员均能容易辨认,同时保证大型可变情报板的安全,不易损坏。可抵御 40m/s 的风速。

(5)屏体全彩部分可显示简单图形或限速值。显示闪烁的亮、灭时间可在 1 ~ 30s 之间可调。单色部分可显示 16 × 16,24 × 24 或 32 × 32 等各种不同大小的汉字,并可显示 16 × 8,24 × 12 或 32 × 16 等大小的英文字母与数字。字体、笔画的粗细、字间距、距屏两侧距离均可调。

(6)大型可变情报板能支持监控分中心计算机发出的命令,调用控制器内储存的任一条信息在屏体上显示,亦支持计算机进行全屏编辑新的信息,存入或修改原来的信息库。

(7)可变情报板控制器可按设置在控制器中的时间表(≥1d)进行各种内容的显示;可接收监控(分)中心选发的 12 条信息,按节目单形式轮流显示,显示时间可设定。

(8)大型可变情报板可接收监控(分)中心计算机发出的显示指令并给出回应信号,确认发出的信息是否如实显示成功;当监控(分)中心计算机轮询时,可回传情报板的工作状态信息,通过图示法来显示故障情况;轮询反应时间小于 0.3s。

(9)控制器留有两个 RS-232 接口,一个用于现场利用便携式计算机进行测试及维修工作,另一个用于接调制解调器。传输速率:1200 ~ 19.2kbit/s。

(10)控制单元装有一、二级简体汉字库,可存储 50 条以上信息,CPU 为 16 位以上。

(11)采用静态恒流驱动,具有过流保护功能。每个模块中电源故障时均可全屏自动关机。每个 32 × 32 模块中 LED 失控率达 10% 时的全屏自动关机。屏内温度超过设定值时,亦能自动关机,同时向监控(分)中心返回故障信号。

(12)具有手动及自动 6 级调光功能。

四、小型可变情报板

小型可变情报板由显示屏、控制器及其内置控制软件、机箱、框架、立柱、电器保护和防雷装置、基础、安装连接件、成对调制解调器、所需的电力电缆及信号电缆等组成。

小型可变情报板显示板显示面积为 1.6m × 1.6m,解析度 48 × 48 点,可显示中文、英文、图形,对于 80cm × 80cm 的汉字可显示 2 × 2 共 4 个汉字,并可显示红、绿、黄三种颜色。显示板每平方米亮度≥8000cd。其主要技术指标如下:

(1)根据高速公路气象、交通、道路实际情况实时显示数据。

(2)显示字符清楚、容易识别、符合国家标准。

(3)标志内容昼夜清楚可见。观察者(正常人,矫正视力 1.0 以上)在环境照度大于 5000lx 的晴天、太阳光正射标志面的条件下,在规定的视角内能正确认读标志内容的最大距离(静态视认距离)≥300m。

(4)正常情况下,车辆以 120km/h 速度行驶时,观察者(正常人,矫正视力 1.0 以上)在环境照度大于 5000lx 的晴天、太阳光正射标志面的条件下,在规定的视角内能正确认读标志内容的最大距离(动态视认距离)≥250m。

(5)小型可变情报板的安装可保证大型载货车驾驶员及小型汽车驾驶员均能容易辨认,同时保证小型可变情报板的安全,不易损坏。可抵御 40m/s 的风速。

(6)可接收监控分中心或计算机发出的命令,驱动小型可变情报板显示相应的内容;有多种文字和字型可供选择。

(7)可向监控分中心计算机提供显示内容的反馈信息,从分中心可检测到每个像素的好坏。

(8)可向监控分中心反馈本机工作状态。同时在控制器面板上有相应的指示灯显示有关信息。

(9)停电时小型可变情报板为不显示状态,电源恢复后,系统自动接受监控分中心计算机的命令,转入正常工作。

(10)LED 采用静态恒流驱动,以保亮度及使用寿命。

(11)具有 6 级手动、自动调光功能。

(12)智能电力控制柜采用可编程控制器,实现屏幕按预先设定的程序自动开启与关闭、故障保护及防止由于电气故障或其他意外因素而造成的矛盾状态显示。

(13)控制器接口的通信协议为 RS-232、RS-485,通信方式为异步半双工,传输速率为 1200 ~ 19.2kbit/s。

(14)通信规程符合《数据通信基本型控制规程》(GB 3453)。

五、可变情报板箱体及安装要求

可变情报板显示板及控制器箱体应为全封闭、全天候、防风雨型,符合 IP66 防护等级。

大型可变情报板采用门架支撑,其基础一端设置在中央分隔带,一端设置在路侧,显示板悬于车道上方,其底缘距地面净空不小于 5.5m,并设有便于维修的梯子和通道。大型可变情报板及所有的支撑件都要做防锈处理。

小型可变情报板采用单柱支撑,单柱安装在路侧,标志内边缘距路面或土路肩边缘不得小于 25cm,标志牌下缘距路面的高度为 2.5m,标志板安装要求参照国标《道路交通标志和标线》(GB 5768—2009)。另外显示板应与道路垂直方向有一定的夹角,以保证可视性。

大型可变情报板显示屏及控制器箱体为全封闭、全天候、防风雨型。箱体颜色为不反光的仪器灰,防眩光。防护等级符合 GB IP65 标准。外框有 20cm 宽的反衬板。大型可变情报板显示屏安装在龙门架上部结构的前面,距地面净高 5.5m,可抵御 40m/s 的风速。大型可变情报板显示屏前后均设有保护栏杆,前护栏在安装或维修后可放平,以免影响显示效果。

小型可变情报板显示屏及控制器箱体为全封闭、全天候、防风雨型。箱体颜色为不反光黑色表面,防眩光。防护等级符合 GB IP65 标准。小型可变情报板显示屏安装在立柱上的支撑架内,距地面净高 2.5m,可抵御 40m/s 的风速。立柱安装在路缘外侧,与路面边缘(路缘石)保持 30cm 的距离。立柱上支撑架的高度和角度在一定的范围内可调,待选定最佳视认角度后,再将屏体与立柱固定。具体要求及施工要求参见交通安全标志施工技术规范。

六、可变情报板数据传输

见项目 4 中外场设备与监控室和监控中心的连接说明。

七、大型可变情报板安装连接图

大型可变情报板安装位置、模组工作原理、内部设备连接、模组间信号连接等如图 5-0-4 ~ 图 5-0-7 所示。

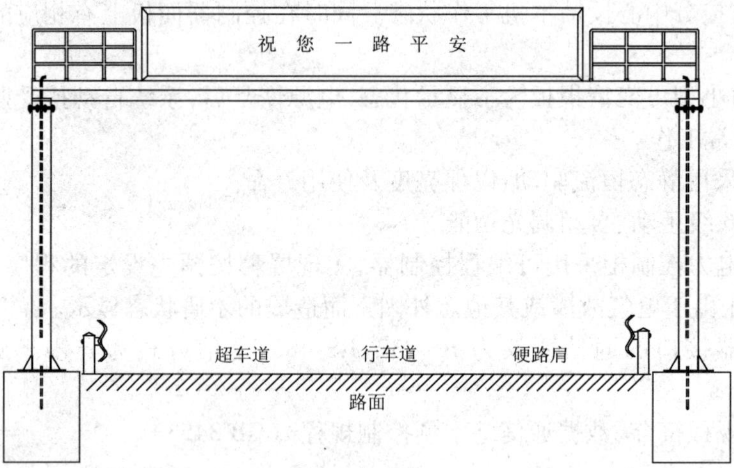

图 5-0-4　大型可变情报板安装位置图

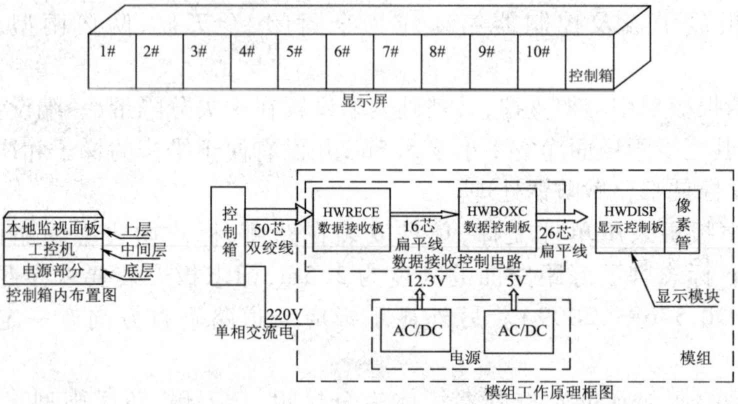

图 5-0-5　大型可变情报板模组工作原理图

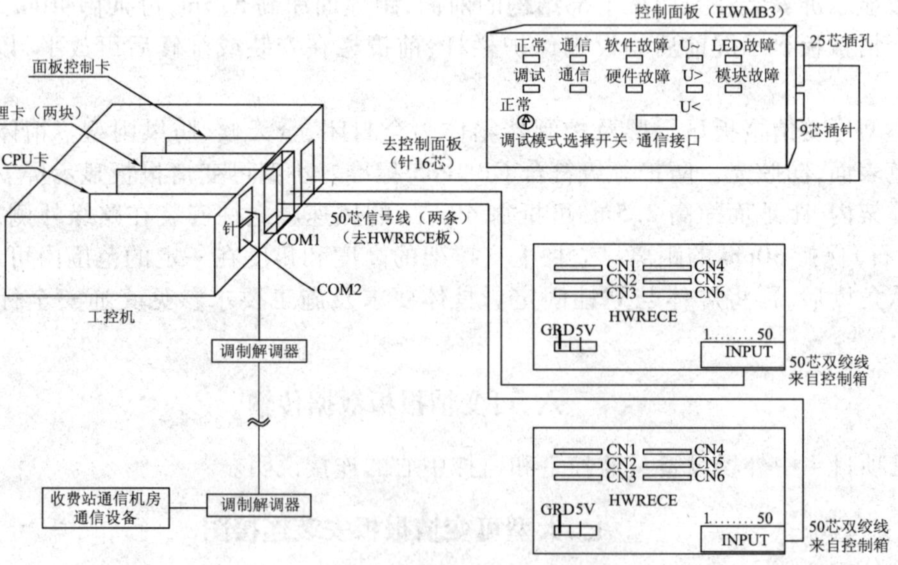

图 5-0-6　大型可变情报板内部设备连接图

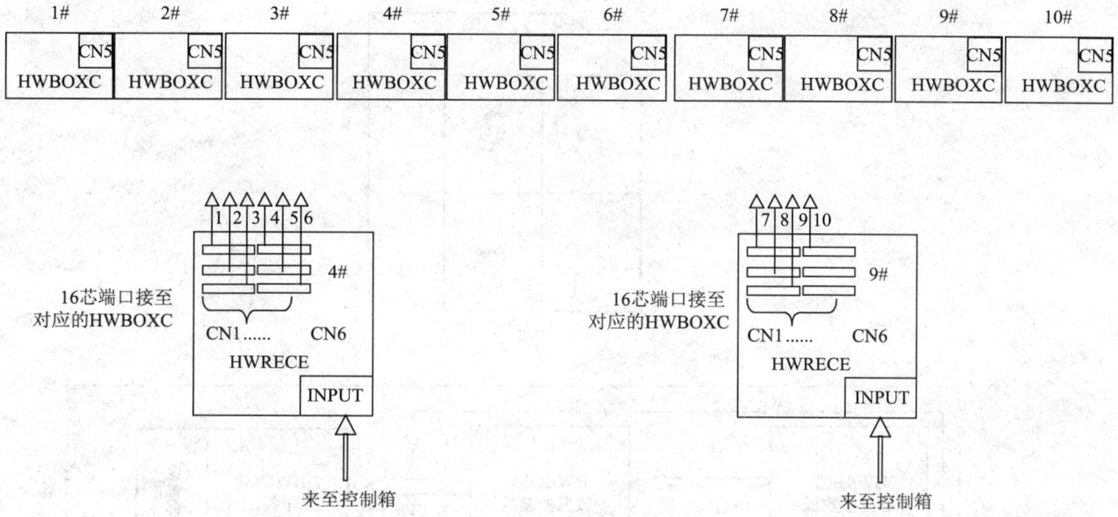

图 5-0-7　大型可变情报板模组间信号连接图

八、小型可变情报板安装连接图

小型可变情报板安装位置、模组连接等如图 5-0-8 ~ 图 5-0-9 所示。

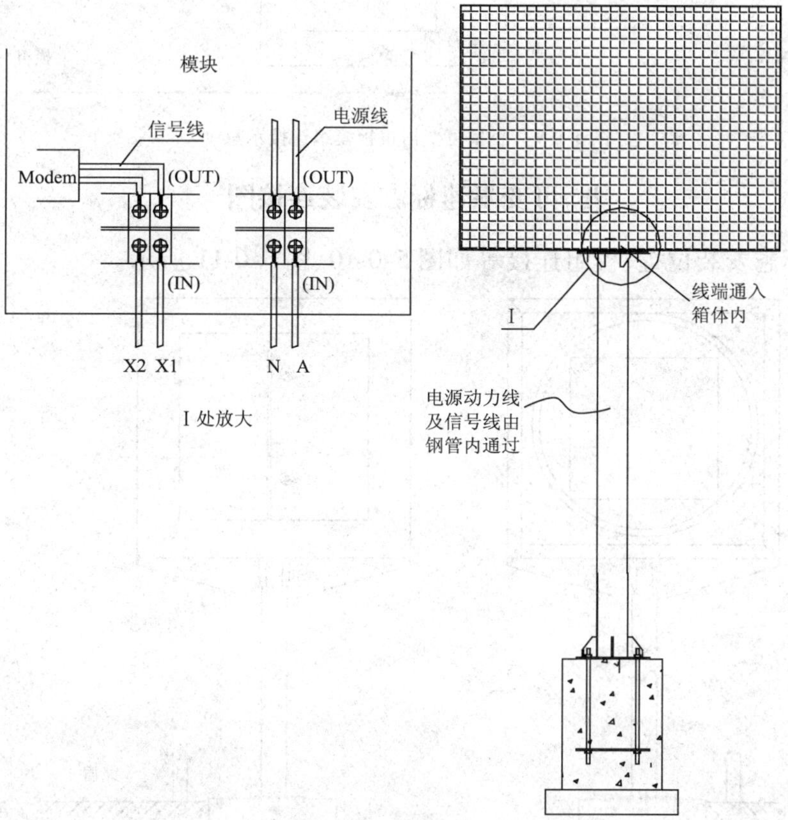

图 5-0-8　小型可变情报板安装位置图

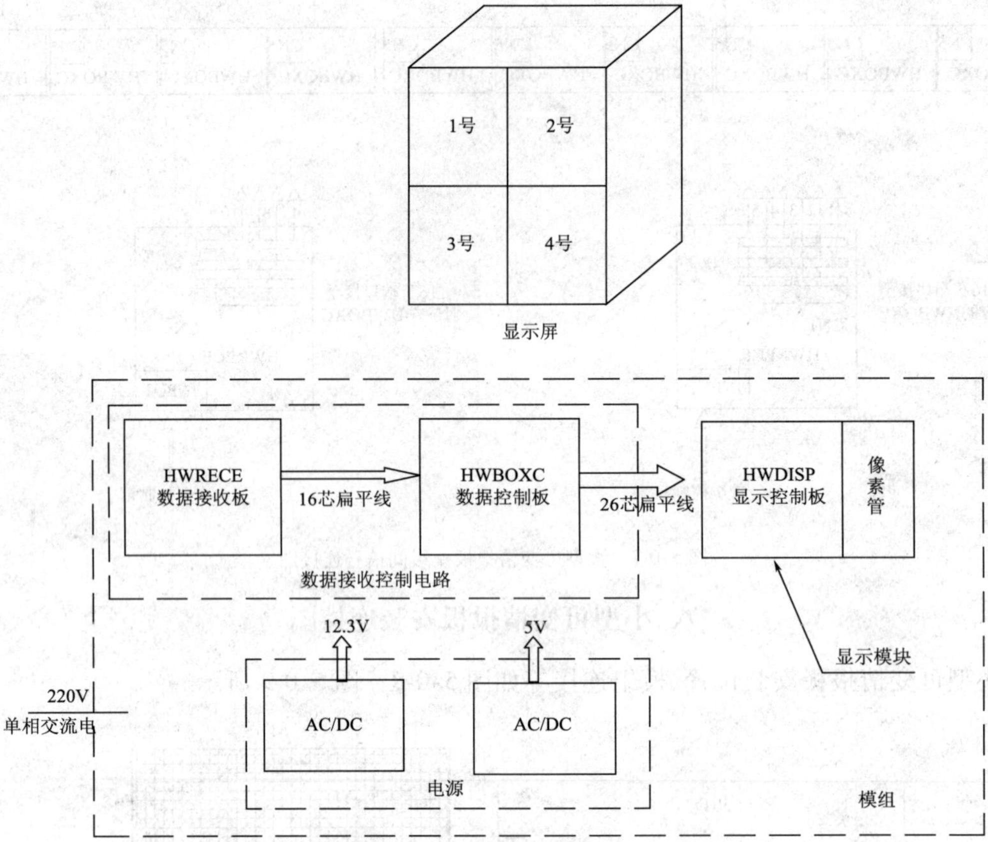

图 5-0-9　小型可变情报板模组连接示意

九、可变限速标志安装连接图

可变限速标志安装位置、模组连接等如图 5-0-10、图 5-0-11 所示。

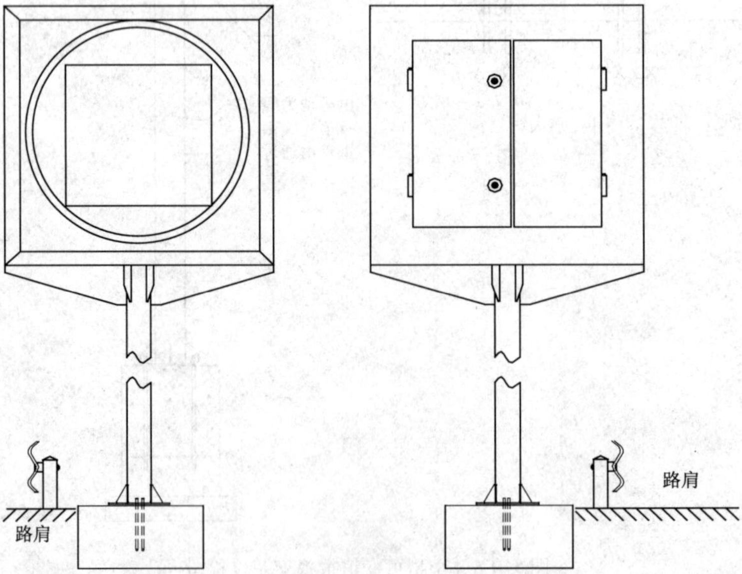

图 5-0-10　可变限速标志安装位置图

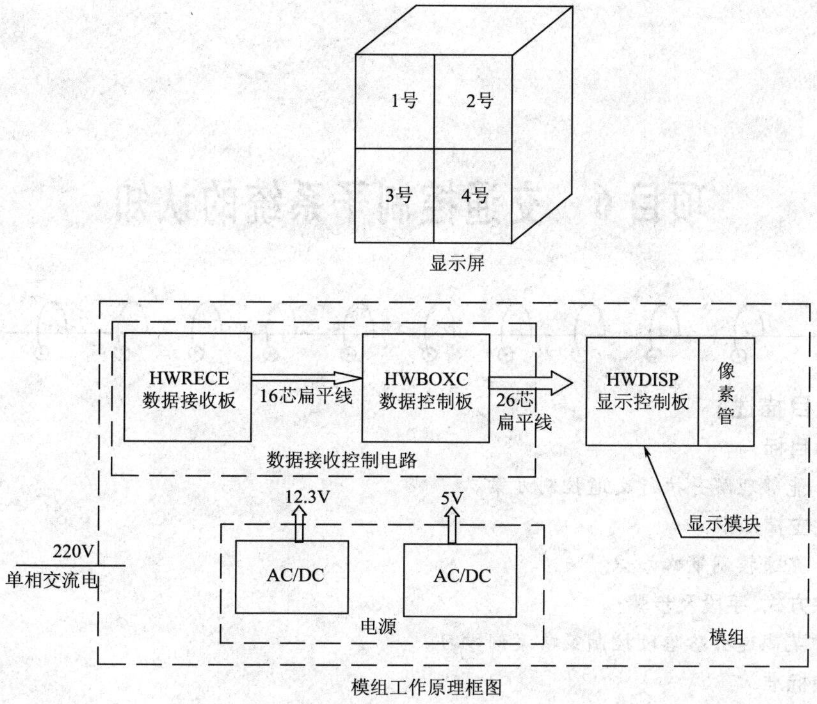

图 5-0-11　可变限速标志模组连接示意图

任务 2　信息发布操作

到校外实训基地或校内实训基地完成信息发布操作。

任务 3　创新思维训练

你觉得现在高速公路情报板提供了哪些信息？发挥作用了吗？

项目6 交通控制子系统的认知

【项目描述】

能力目标

■ 能够理解并执行交通控制方案。

相关支撑知识

■ 交通控制策略知识。

训练方式、手段及步骤

■ 某高速公路路段控制策略案例学习。

考核标准

■ 参与的积极性与理解的正确性。

任务1 认识交通控制策略

调节供求，争取平衡，使交通流畅通是交通控制的基本思路。即抑制、转移交通需求，提高道路通行能力，实现供求动态平衡，达到交通流畅通的目标。

调整供求有多种控制方法可供选择，根据实际情况选择控制方法称为控制策略。

目前，高速公路主要采用的交通控制策略可分为三种：入口匝道控制、主线控制、通道控制。

一、入口匝道控制

（一）入口匝道控制策略及其实施条件

高速公路入口匝道交通控制是应用最广泛的一种控制策略。其基本目标是控制高速公路的交通需求，即在高峰交通期间控制进入高速公路的车辆数目，使高速公路交通流的流量、密度、速度等参数在最佳状态运行，使某种性能指标达到最佳。入口匝道调节的实质是将入口交通流在时间和空间上重新进行分配，其中一部分车辆被准予进入，另一部分车辆在匝道上等待，伺机进入，还有一部分车辆需自行选择替代路线行驶，或沿着高速公路的平行道路前进，从下游的入口匝道进入高速公路。

实施入口匝道控制应具有如下条件：

（1）通道中的各条公路具有可供车辆选用的通行能力。

（2）收费广场有足够的引道供车辆停留和转移。

（3）匝道汇流点有足够长的变速车道。

（4）匝道控制策略应对长途和短途车辆都有效。

(二)入口匝道控制方法

入口匝道控制包括匝道调节和匝道关闭两种形式。匝道调节是在匝道上使用交通信号灯对进入车辆实行流量控制,单位时间内允许进入的车辆数称为匝道调节率;匝道关闭可看作是匝道调节的极端情况。近10多年来人们还致力于入口控制的另一方案:入口汇合控制的研究。汇合控制系统的目的是帮助匝道车辆顺利地汇入主线的高密度车流,保持主线交通流的稳定和欠饱和状态。

常用的入口匝道调节方法有:匝道暂时关闭、匝道定时调节、匝道动态调节、匝道汇合控制和匝道系统控制。

(1)匝道暂时关闭:暂时关闭入口匝道是一种简单、可靠的控制方式,可将交通量转移到并行的其他道路上去。

(2)匝道定时调节:定时调节匝道通行信号的运行状态,在某一个时段中实现固定不变的入口调节率,使某项交通性能指标最优。定时调节系统的调节率是根据过去已有的交通统计与测量数据经过静态优化计算而确定的,基本上能适应交通流的稳态变化规律,对预防常发性交通拥挤方面能达到很好的效果,但不能最好地适应交通需求的动态变化,不能对偶发性交通拥挤作出响应和控制。

(3)匝道动态调节:根据邻近上、下游主线交通检测器所提供的实时交通数据动态地确定匝道信号的状态,适时改变调节率,而非预先确定的恒值,是匝道动态调节的基本思想,它能较好地适应交通流的随机变化。

(4)匝道汇合控制:这是一种微观控制方法,根据高速公路外侧车道车流间隙的长度来决定能否放行匝道车辆,只有当上述车流间隙长度不小于可插车间隙时才允许匝道车辆进入高速公路,它能保证匝道车辆及时安全汇入高速公路车流中。

(5)匝道系统控制:这种系统把包含若干个入口匝道的整条或一段高速公路当作一个整体,并把它划分为若干个路段,每段最多包含一个入口和一个出口,长度约数百米至1km左右,实时采集各路段交通信息,并进行动态优化计算,确定各入口匝道的最佳调节率。一般这种系统又可分为两种结构形式:集中控制结构与分层递阶控制结构。

(三)基于控制原理的入口匝道控制方法

按照控制原理的不同,入口匝道控制又可分为:基于模型的控制、分层递阶控制、智能控制。

(1)基于模型的控制。高速公路入口匝道数学规划模型(最优控制模型)可以表述为:在主线交通、入口匝道通行能力、排队长度等约束条件下,力求实现控制目标的入口匝道调节率。其中控制目标是旅行时间最短、延误最小、服务流量最大、入口排队最短、消耗燃料最少等指标中的一个或多个。数学规划模型有线性规划、非线性规划等。

(2)分层递阶控制。由于交通大系统最优控制问题的计算往往是很复杂的,所以常常采用分解—协调的方法(即递阶的方法)求解。比较典型的有:把高速公路交通控制系统分解为直接控制层、优化控制层、自适应层。直接控制层采取适当的入口控制量及限速系数,使交通状态变量(密度、速度、入口排队长度)等保持在期望最优值附近。优化控制层确定状态和控制变量的期望轨线,以便于直接控制层进行在线控制。自适应层为优化控制层提供符合实时交通状况的模型参数或约束条件。

(3)智能控制。无论采用经典控制理论还是现代控制理论设计一个控制系统都需要事先知道被控对象(或生产过程)的精确数学模型,然后根据数学模型及给定的性能指标,选择适当的控制规律,进行控制系统的设计。因为高速公路及其车辆组成的系统非常复杂多变,很难找到能准确描述交通流的模型,所以根据数学模型提出的最优控制策略只能是相对的,不会是绝对最优的。

二、主线控制

(一)主线控制策略

匝道控制的基本目标是控制高速公路的交通需求。它以匝道入口流量为系统的输入控制量,通过计算匝道上游交通需求与下游道路容量差额来寻求最佳入口匝道流量控制,从而使高速公路本身的交通需求不超过它的容量,使高速公路主线交通流处于最佳状态,最佳状态也可由最佳密度来表征。

事实上,车辆进入高速公路以后,车辆的速度是根据驾驶员的喜好随意调节的,这样并不一定会使高速公路交通流平稳,并且容易造成交通事故的发生,而主线控制则有助于车流的稳定,有助于高速公路维持在一定的服务水平上。

主线控制就是对高速公路主线的交通进行调节、诱导和警告。主线控制的基本目标是改善高速公路运行的安全和效率,缓解主线上的交通拥挤和交通瓶颈对交通的影响,这种控制对常发性拥挤和偶发性拥挤都是有效的。主线控制是高速公路交通控制的一种基本控制策略,其控制对象是高速公路本身即路段的交通流。

(二)主线控制方法

常用的主线控制技术包括可变限速标志、车道使用控制、驾驶员信息系统及特殊路段控制。

(1)主线速度控制通过设置可变限速标志来限制行车速度,从而使交通高峰时间段的交通流更加均匀稳定,同时还提高了道路通行能力。国外运行经验,特别是西欧国家所进行的试验证明了这一效果。

(2)车道使用控制不仅是一种紧急控制手段,而且也是提高道路通行能力和向公共交通、合用车辆提供优先服务的手段。常用的有:车道关闭控制,可逆车道变向控制,公共汽车、合用车专用车道。

(3)驾驶员信息系统利用标志板或通信工具向行车者提供有关道路、交通或气象等信息,促使它们采取适当措施,例如继续按原来路线行驶或从高速公路转移等。

(4)特殊路段控制是对高速公路主线上的特殊情况进行控制,一般可分为道路特殊情况控制和气象特殊情况控制。高速公路上的事故多发地段多为几何线形不够完善或气象上的不利因素造成的,在这样的路段应设置单点独立运行的交通控制系统。特殊路段控制通常包括以下几种类型:弯道速度告警控制、纵坡告警控制、雾区路段告警控制、结冰路段告警控制。

三、通道控制

(一)通道控制策略

以高速公路为主体,将临近的平行道路、联系道路和城市环城道路组成公路网,实施统一管理和控制,可以最大限度地发挥公路网络的通行能力,这种控制称为通道控制。高速公路通道控制的对象是由高速公路、辅道和其他平行干道所组成的通道系统上的交通流。

高速公路通道的通行能力是由高速公路的通行能力和能为高速公路交通需求提供可替换服务的平行道路及交叉口的通行能力组成的。通道控制是通过在通道系统内有效地分配和管理交通流以达到在交通需求与通道通行能力之间获得最佳平衡和充分利用通道通行能力的目的,使整个通道系统处于最佳运行状态。

高速公路通道控制的基本原理是监测通道系统中所有的道路和交叉口,将过饱和道路上的交通量转移到通行能力尚有剩余的道路上去。通道控制是一个综合控制系统,集中了高速公路监控系统、驾驶员信息系统、匝道控制、侧道控制、主线控制、交叉口控制、干道控制、城市道路控制和区域交通控制的原理、策略和方法。

(二)通道控制方法

通道控制可分为限制和分流两种方法。限制是指控制各道路上的交通需求使其低于通行能力。分流则是指把车辆从超负荷的道路上引到尚有剩余通行能力的道路上去。当发生常发性或偶发性交通拥挤以及在道路维修情况下可用分流控制方法来缓解、消除交通拥挤。

通道控制常用措施包括:采用临时性分流标志、优化各类道路交通信号配时方案、统筹制定各匝道的调节率以及运用驾驶员信息系统和实行公共汽车、合用车优先控制等。比如在通道控制中,利用驾驶员信息系统促使交通流进行必要的转向择路,以实现通道容量的最佳利用。具体做法是通知驾驶员某条道路拥挤,这样驾驶员可以避开拥挤道路,进入通向目的地的其他非拥挤道路行驶。

(三)通道控制系统构成

通道控制系统有多个相互联系的子系统,空间分布范围大,需采用多个指标评价系统控制效果,是一个典型的大系统控制问题。

按照控制对象分,通道控制系统包括如下子系统:

(1)高速公路(包括主线和匝道)控制系统;

(2)侧道、干道控制系统;

(3)城市道路控制系统;

(4)交通监视系统;

(5)中央控制系统。

按照控制功能分,通道控制系统包括如下子系统:

(1)用于提供通道系统内各道路运行情况实时信息的一整套监测系统;

(2)对上述信息进行处理,作出控制决策的中心控制系统;

(3)执行控制策略的外场控制系统;

(4)联结监测设备、中心设备、外场控制设备及车载设备的通信系统。

任务2　高速公路交通控制实例分析

下面采用长安大学李纲的硕士论文《高速公路监控系统及交通控制策略研究》中的成果(有删节),以禹阎(陕西禹门口至阎良)高速公路交通控制策略为实例来做分析。

一、交通量预测和服务水平

根据工程可行性研究报告提供的交通量数据,道路开通年(2005 年)路段最大预测交通量

17678（pcu/d），2010 年路段最大预测交通量 26674 辆（pcu/d），2024 年路段最大预测交通量 57132（pcu/d），交通量预测见表 6-0-1：

禹阎高速公路交通量预测表　　表 6-0-1

路段名称	2005 年		2010 年		2015 年		2020 年		2024 年	
	AADT（pcu/d）	V_D/C	AADT（pcu/d）	V_D/C	AADT（pcu/d）	V_D/C	AADT（pcu/d）	V_D/C	AADT（pcu/d）	V_D/C
禹门～龙门	11322	0.15	16588	0.22	22390	0.30	29380	0.39	35258	0.47
龙门～韩城	11364	0.15	16550	0.22	22522	0.30	29078	0.38	34986	0.46
韩城～芝川	11748	0.16	18336	0.24	26010	0.34	34574	0.46	41938	0.55
芝川～合阳	13398	0.18	20280	0.27	28310	0.37	37302	0.49	45070	0.60
合阳～韦庄	13732	0.18	20850	0.28	28646	0.38	36822	0.49	43720	0.58
韦庄～孙镇	12448	0.16	19306	0.26	26830	0.35	34716	0.46	41026	0.54
孙镇～蒲城	13914	0.18	21042	0.28	29274	0.39	38470	0.51	46358	0.61
蒲城～荆姚	15382	0.20	23432	0.31	32840	0.43	42702	0.56	49976	0.66
荆姚～富平	15964	0.21	24114	0.32	33622	0.44	44326	0.59	52588	0.70
富平～阎良	17678	0.23	26674	0.35	36942	0.49	48312	0.64	57132	0.76

表中 AADT 为年平均日交通量，取自工程可行性研究报告，C 为单向基本通行能力，取值为 4400（pcu/h）；V_D 为单向小时交通量，其计算公式为：

$$V_D = \text{AADT} \cdot K \cdot D$$

式中：K——高峰小时系数，取 0.097（工可研报告推荐值为 0.095～0.135）；

D——方向性系数，取 0.6。

根据表中的数据计算可知：禹阎公路从开通至 2020 年，全线的 V_D/C 均小于 0.74，服务水平高于二级；到了 2024 年，富平～阎良段的 V_D/C 值为 0.76，大于 0.74，路段的服务水平低于二级。

二、近期控制策略

（一）近期主要交通问题和控制策略

尽管影响高速公路交通的因素很多，交通问题的表现形式也多种多样，但从交通监控的观点出发，高速公路上的交通问题无非有 3 类：第 1 类，偶发交通异常，如交通事故、车辆抛锚等，但这种事故不影响其他车辆的通行；第 2 类，偶发交通事件引起的交通阻塞；第 3 类，即使不发生异常事件，由于交通量超过通行能力而引起的自然阻塞。

从禹阎高速公路交通量预测数据可以看出，2020 年以前全线各路段交通量都小于道路容量。因此这个时期该高速公路上的交通问题将多为偶发性交通异常及由此引起的交通阻塞，而非交通量超过通行能力引起的自然阻塞。

针对偶发性交通异常及由此引起的交通阻塞，2020 年以前（近期）的交通控制策略为：收集各类交通信息，进行道路交通监测，实施告警、诱导控制，对主线特殊路段重点监测，并采取相应的交通控制措施，疏导交通，减少延误，防止二次事故的发生。

（二）近期交通控制方法

1. 主线告警、诱导控制

监控中心和运营部门在分析车辆检测器上传交通流信息、查看道路外场摄像机监视图像、接到紧急电话报警或路政巡查车辆报警，确认主线某路段发生交通阻塞后，应采取告警、诱导等措施进行交通控制。

在交通阻塞发生地上游路段的可变信息板、电子显示屏上发布交通阻塞信息，告知通行车辆交通阻塞的具体位置、严重程度、简要的阻塞原因及目前的处理情况，提醒驾驶员谨慎驾驶、防止碰撞。告警信息也可以通过交通广播或临时设置的路标来发布。

当交通阻塞严重，导致车辆无法通行时，可利用可变信息板、电子显示屏和交通广播发布信息，对交通流实施诱导，使上游车辆及时选择适当的互通立交驶离高速公路，改行其他道路。

2. 特殊路段控制

禹阎高速公路东部路段穿越渭北高原沟壑区，紧邻黄河，地理气候条件复杂，高墩大跨径桥梁多，1km 以上的桥梁就有芝川、徐水沟、太枣沟、余水沟 4 座，且主墩高度都超过 80m，是易发交通事故和交通阻塞的特殊路段，应成为全线交通控制的重点。本文以芝川特大桥为例研究特殊路段的交通控制。

芝川特大桥长全 3.41km，是全线最长的桥梁。按照交通运输部有关规范的规定，这种特长大桥应是高速公路交通监控的重点。

近期在该大桥路段布设的外场设施有：

（1）气象监测仪 1 套，安装在该桥西安台一侧；

（2）摄像机 2 台，分别布设在两侧桥台附近；

（3）车辆检测器 92 套，分别布设在两侧桥台附近；

（4）门架式可变信息板 2 套，分别安装在距大桥两侧桥台各 3km 芝川互通立交和韩城服务区。

该特殊路段可采取的交通控制措施有：

监控分中心收到芝川特大桥两侧车辆检测器及芝川互通立交车辆检测器上传的交通量检测信息后，通过交通监控软件分析该大桥段路段的交通状态，判定是否发生交通阻塞，并在交通阻塞发生时，立即通过设在芝川互通立交、韩城服务区的 2 套门架式可变信息板和设在韩城服务区电子显示屏发布告警、限速、诱导信息，提示驾驶员谨慎行驶、调整车速或择路分流。

芝川特大桥横跨芝川，沿黄河河滩纵向排布，气候条件受河流影响较大，易出现大雾、大风天气，桥面也经常会结冰。监控分中心通过桥侧的气象监测仪，实时采集能见度、风力风向、路面状况等信息，并通过可变信息板、电子显示屏和交通广播等途径及时把气象信息和诱导信息发布给过往车辆。在气候条件异常恶劣时，可考虑关闭高速公路。

大桥两侧各设 1 台可遥控摄像机，实时将桥上的交通流图像上传监控分中心，监控员可通过大屏幕投影系统或电视监视墙及时发现交通阻塞或交通事故，再由可变信息板或交通广播给通行车辆发布诱导信息，并通知路政、交警等有关部门尽快赶赴现场处理问题。

3. 其他控制措施

(1)匝道暂时关闭。由于重大交通事故、气候条件异常恶劣等原因造成高速公路无法通行时，监控中心和运营部门经请示上级管理部门后，可通知收费站暂时关闭匝道，禁止车辆上路，并通过广播、电视等途径通知社会各界。

(2)临时变向车道控制。出现严重交通阻塞或交通事故，导致单向车道无法通行时，运营部门可暂时设置变向车道，用隔离墩把对向车道分割成双向车道，诱导车辆从中央隔离带开口处进入另一侧车道，使该路段保持双向通行。

三、远期控制策略

(一)远期的交通问题和控制策略

从交通量预测表可以看出，随着交通量的不断增长，到2020年以后，禹阎高速公路交通量已接近或超过道路容量，将引发交通自然阻塞。这个时期的交通问题不仅有偶发性交通异常及其引起的交通阻塞，而且有常发性的自然阻塞。

2020年以后(远期)的交通控制不仅要考虑偶发性交通异常及其引起的交通阻塞，还需要应对常发性的自然阻塞。因此远期的交通控制应在近期的基础上进一步加强，远期交通控制策略除了收集交通信息、监视交通流和对主线特殊路段的交通控制外，应加强对主线所有路段的控制，并实施匝道控制和通道控制措施，减少交通阻塞和交通事故，提高道路通行能力，保证车辆运行畅通。

(二)远期交通控制的设备配置

远期监控系统应增加信息采集设备和信息发布设备的数量和种类，主要设备配置原则如下：

(1)为获取详细的交通流信息，禹阎高速公路全段应密设车辆检测器，大约800～1000m一组。

(2)为及时发布控制信息，应增加可变信息板的数量，沿线每2500m设置1套。

(3)沿线每2000m安装1台外场监控摄像机。

(4)在徐水沟、太枣沟、金水沟、洛河特大桥及省界、富平互通立交各增设1套气象监测仪。

(5)在韩城、澄城和富平服务区各增设1套电子显示屏。

(三)远期交通控制方法

1. 加强主线控制

(1)可变限速控制。沿线密设的车辆检测器将检测信息送到监控分中心，分中心利用交通监控软件分析交通流的状态，确定车流控制速度，并下发至可变信息板，对通行车辆的车速进行控制。

(2)变向车道控制。当高速公路主线不同方向上的交通量相差悬殊，某一方向车道难以适应高峰时段的交通需求，而另一方向车道相同时段道路容量有较大富余时，可设置变向车道。变向车道控制有两种基本方式：一是将一条道路上所有车道在一段时间内只准朝一个方向通行，在另一段时间内朝另外一个方向通行；二是在不同时间内将道路的部分车道供不同方向的车流通行。比如上午经由富平至阎良段到西安的进城车辆较多，而下午此路段多是出城返乡车辆，这样可设置一条变向车道，以更经济有效的使用道路空间。

(3)弯道、纵坡告警控制。渭北高原沟壑纵横，禹阎高速公路穿越其间，纵坡、弯道路段较多。某些纵坡路段视野不好、坡陡路滑,部分弯道路段容易出现超速行驶,这都易引起交通事故。因此,对弯道、纵坡路段应通过可变信息板发布告警信息,进行限速控制。

2. 匝道控制

匝道定时调节。禹阎高速公路9个匝道收费站中,蒲城和芝川两个站收费广场入口引道长度均小于80m,等候车辆的排队会影响与之相连的滑清路和国道108线上的交通。要实施匝道控制,应改造加宽这两个收费站的引道,以保证为等候的车辆提供足够的排队、转移的空间。根据禹阎高速公路主线交通量和匝道交通量的统计情况,确定各入口匝道调节率和信号灯的调节周期,调节率的计算可采用如下公式:

$$r = c_a - q_d$$

式中:r——调节率,pcu/h;

c_a——匝道下游交通容量;

q_d——匝道上游交通需求。

调节周期t(单位为s)为:

$$t = 3600/r$$

调节率和调节周期确定后,利用匝道信号灯的开与关,控制减少入口匝道的汇入交通量,以保持高速公路上交通流状态的平稳。

匝道动态调节。对交通量较大的韩城、澄城和富平收费站,为了适应交通流的随机变化,应对偶发事件引起的拥挤,可采用入口匝道动态调节。利用车辆检测器对高速公路主线和匝道上的交通量实时观测,动态的确定适当的调节率,更好的保持高速公路上交通流状态的平稳。

3. 通道控制

禹阎高速公路所经区域,公路网密度较大,各种等级公路纵横交错,区域内的国省道有5条,分别是国道108线、省道107线、省道201线、省道202线、省道106线,县乡道路也非常密集,具备实施通道控制的基本条件。

1)与国道108线的协调控制

禹阎高速公路澄城—省界约90km长的路段与108国道基本平行,澄城、合阳、芝川、韩城和龙门匝道收费站离国道108线的距离都小于1 km,车辆在两条道路间转移十分便捷。在远期高速公路易发生自然阻塞的情况下,协调好禹阎高速公路与国道108线的交通控制措施,采取适当的通道控制方法,不但有利于禹阎高速公路交通流畅通,而且有益于充分发挥两条公路交通容量的潜能,提高区域内总体的运行效率。

可采用驾驶员信息系统,利用车载设备,及时发布禹阎高速公路和国道108线的路况信息,使车辆能够尽早的择路分流,避免交通阻塞。也可利用可变信息板、交通广播对两条路上的交通流进行诱导,使两条路的交通需求和通行能力获得平衡。还可实施入口匝道控制措施,限制禹阎高速公路上的交通需求,优先保证高速公路交通畅通,以提高两条道路的总体运行效率。

2)与韩城市城市道路结合点的控制

禹阎高速公路韩城收费站入口引道与韩城市城市中心区域道路直接相连,在远期交通流较大时应充分考虑对该引道和城市道路结合点的交通控制。否则,不单会引起高速公路匝道、主线上的交通阻塞,还会造成城市中心区的交通拥挤。

不但要充分考虑韩城市城市道路网的结构特点,如网格型、放射型、环型等;而且要仔细分析其交通控制的类型，如点控、线控、网络控制等。在此基础上，建立一个联合控制指挥中心，把禹阎高速公路和韩城城市道路上的全部交通信号、监控设备的控制置于该中心下统一管理，使得高速公路和城市道路上的交通流都保持畅通。

任务3 创新思维训练

你觉得交通控制还应该体现在哪些方面？

项目 7 分中心级监控系统的集成

【项目描述】

能力目标

■ 能够理解分中心级监控系统总体设计；能够读懂图纸。

相关支撑知识

■ 前面项目的知识综合。

训练方式、手段及步骤

■ 详细学习 1 ~2 个实际分中心的设计方案和图纸文件。

考核标准

■ 每组对某部分方案或图纸进行现场解读、答辩，以解读的完整性和准确性考核。

任务 1 某高速监控系统集成方案学习

为提高项目的真实性，本任务先全文采用某高速监控系统设计文档(可在湖南交通职业技术学院示范院校建设网站上查询、下载)，要求学生课外先阅读文档和图纸，安排到某高速监控中心实地考察，课堂内分组以演讲方式解读对其中 1 个子系统的理解，最好能够提出改进意见。

任务 2 某高速公路分中心级监控系统设计图纸阅读理解

对某条已经建设好的高速公路的全套图纸进行读图训练，采取学生上台讲解图纸，教师点评的方式进行。既提高学生在学习中的主体地位，又提高学习效果。

考虑到全套图纸比较多，此处不列出来了，课堂上用 Auto CAD 电子稿投影到银幕上。

任务 3(可选) 某高速公路分中心级监控系统集成方案设计

以某条正在建设的高速公路为对象，要求学生进行监控系统方案设计，写出设计方案书，绘出图纸。

设计可以分组分子系统进行。

任务 4 创新思维训练

你认为路段监控系统如何建才有利于全省联网监控？

项目8 省级联网监控系统的集成

【项目描述】

能力目标

■ 理解各分中心数字视频信号与省中心的连接方案。

相关支撑知识

■ 数字视频知识。

训练方式、手段及步骤

■ 学习省级联网监控标准,到省中心实习。

考核标准

■ 考察实习报告中对省级联网监控标准理解的完整性与准确性。

任务1 理解省域高速公路联网监控系统

由于每条高速公路只负责本路段内部管理,当遇到需要不同路段之间的协调特别是在紧急情况下的相互协调,单条高速公路的监控系统功能就无法满足要求,需要进行监控系统的联网。所以设计省域高速公路联网监控系统,制定路网交通监控的策略和控制方案就显得尤为重要。

高速公路监控系统联网运行包括视频联网和监控数据联网。视频联网主要进行视频图像的传输、控制;监控数据联网主要是路段监控中心和省监控总中心之间监控数据信息的交换。

一、省域联网监控系统的设计目标

省域高速公路联网监控系统目的是完成省域内所有高速公路的监控与管理,负责路网的宏观管理以及跨路段的交通指挥与控制。主要实现以下的目标:

(一)视频联合控制,实时图像调用

完成监控总中心、管理处、收费站三级视频图像的联合监控。监控总中心可切换所有的视频实时图像以及进行录像控制等管理工作。

(二)数据综合利用,实时监控交通路况

一方面,加强路段监控检测数据的采集,实时获取各路段上传的监控检测数据、收费数据,通过交通监控计算机实时显示路网的交通流、气候情况等。另一方面,后台服务器对交通监控检测及营运的历史数据进行综合分析,提供分析报表、供用户查询输出,实现数据的综合利用。

(三)交通事故统一上报,路网统一调度、联动救援

加强路网交通事故信息的实时上报,由省监控中心实现信息的统一发布,及时通知路段进行事故救援。

（四）路网信息共享，实现综合服务

加强路网信息的共享，为各路段管理机构及社会提供信息综合服务，如：天气状况信息，高速公路路网地图信息、高速公路路况信息、路段养护封道及绕行信息、交通事故警告及绕行信息等，帮助用户了解高速公路的即时路况，帮助用户及时避开影响用户出行、影响高速公路通行的所有情况，以免耽误用户的正常出行。

二、省域联网监控系统管理模式

省域联网监控管理模式各省大同小异，下面给出《湖南省高速公路联网监控系统技术条件》文本中建议的模式。

湖南省高速公路联网监控采用如下三级管理模式：

第一级　湖南省监控中心，设在湖南省高速公路开发建设总公司。

第二级　监控分中心，设在各路段管理处内。

第三级　监控所/隧道监控站，根据隧道级别及路段具体情况设置①。

各级机构职能如下：

省监控中心——接收各路监控分中心的数据和图像，监督全省高速公路交通运行情况，并对整个路网的信息进行统计汇总、分析处理，制定路网协调控制方案以及对重大交通事件的应急救援和处理，并下达到监控分中心进行执行，省中心可任意切换各监控分中心上传图像，并可对外场摄像机进行遥控。

路监控分中心——接收普通路段上外场设备、监控所/隧道监控站传来的数据、报警、视频图像，监督其管理辖区内高等级公路状况、交通运行情况，对采集的信息进行统计汇总、分析处理，制定控制方案并进行发布，向省中心传输数据和图像，并接受上级指令和控制命令，向相邻路监控分中心传输相关信息。

监控所/隧道监控站——负责收集所辖区域外场设备数据、报警、图像，监视所辖区域交通运行情况、环境状况，对采集的信息进行分析并处理，制定控制方案并进行发布，向所属分中心传输数据和图像，并接受分中心指令和控制命令，向相邻监控所传输相关信息。

对于单条路来说，没有隧道的路段一般只设置监控分中心一级；有隧道的路段要根据隧道的间距、规模等确定是否设置监控所/隧道监控站。

三、省域联网监控系统结构

各省的管理模式大同小异，省域联网监控系统的结构也就大同小异。下面以湖南省的为例。

湖南省监控中心按功能划分应包括以下几个子系统：交通控制子系统、闭路电视监视子系统、交通地理信息子系统、对外服务子系统、大屏幕背投子系统、GPS 监控调度子系统。其中对外服务子系统和 GPS 监控调度子系统可以为远期预留。

监控系统与远期的交通信息化等系统一起组建一个统一的广域网系统，利用 VLAN 技术划分不同应用的子网。

监控系统网络构成分为三级：第一级为湖南省监控中心局域网、第二级为监控分中心局域

---

①大部分省份都有收费站一级监控室，有时也称为收费监控站，考虑到基本原理是一样的，所以本教材中还是列出了站一级监控。

网、第三级为监控所/隧道监控站局域网,各级局域网之间通过通信系统提供的数据通道形成广域网,各局域网内部采用星型结构,监控计算机网络总的拓扑结构为树型+星型的复合型结构。

省监控中心、各路分中心、监控所/隧道监控站等局域网均采用100Mbit/s快速以太网。各监控分中心利用各自的通信计算机通过多路串口设备与本路段外场设备进行通信。沿线监控数据通过短段电缆传至临近通信站,通过音频通道或低速数据通道传到监控所/监控分中心。

监控所至监控分中心之间,监控分中心至省监控中心之间采用10Mbit/s/100Mbit/s数据通道。相邻的监控所之间,相邻的监控分中心之间通过2Mbit/s数据通道互连。

各监控分中心向省监控中心上传2~6图像,采用MPEG-2数字压缩技术,通过10/100M以太网口,每路图像占用不少于4Mbit/s带宽。省监控中心对监控分中心上传图像有控制权。

系统采用统一的时间。监控系统以省监控中心的时间为基准时间,各下属机构根据此标准时间矫正自己的时钟。省监控中心定时向下一级发送时间信息,下一级主机根据收到的时间信息校准自己的系统时间。系统时间定时逐级向下发送,逐级校准更新,从而实现整个监控系统的时钟统一。

IP地址、DNS域名、监控机构编码应遵守全省统一规划。

监控分中心与省监控中心之间远程网络数据传输采用TCP/IP通信协议。

根据西部路段交通量小但隧道多的特点,监控系统要以隧道监控为重点,普通路段上的监控规模相对东部交通量大的路段而言,要适当降低。

下面给出湖南省的省域监控系统视频联网结构图(图8-0-1)、监控数据联网结构图

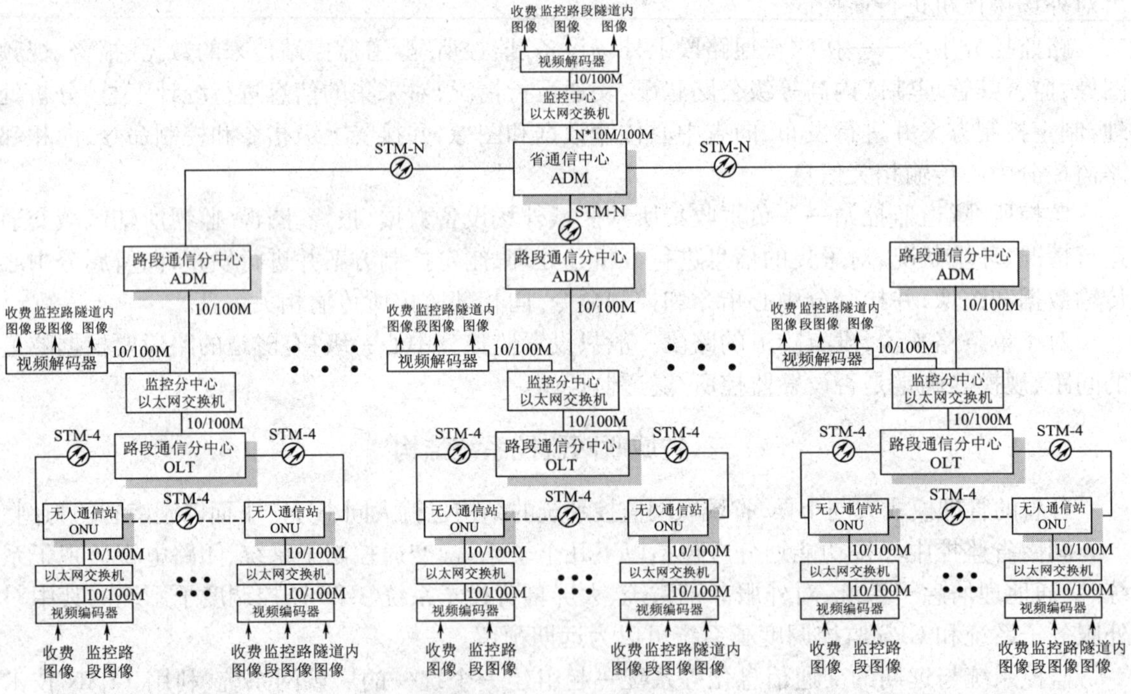

说明:1. 道路沿线的摄像机(或隧道内的摄像机)通过数字非压缩视频光端机以点对点或级联(节点式)方式直接传至就近的无人通信站(图像的反向控制信号与图像复用传输);收费亭(车道)的摄像机由收费系统负责传至收费站。

2. 在各通信站,监控和收费图像一起经数字压缩编码(MPEG-II或H.264)后,通过综合业务接入网提供的数字传输通道传至监控分中心,每路图像占用不少于2×2M带宽。

3. 各分中心采用组播方式传分别上传2~4路图像(含监控、收费图像)至省监控中心,组成全省广域视频传输网,视频压缩编解码技术采用MPEG-II或H.264,通过骨干传输系统提供的数字传输通路,每路图像占用2×2M带宽。

图8-0-1 湖南省省域监控系统视频数据传输示意图

(图 8-0-2),考虑到省域监控数据联网和收费数据联网都要用到通信系统,有一定联系,所以也把收费数据联网系统结构图(图 8-0-3)一并给出①。

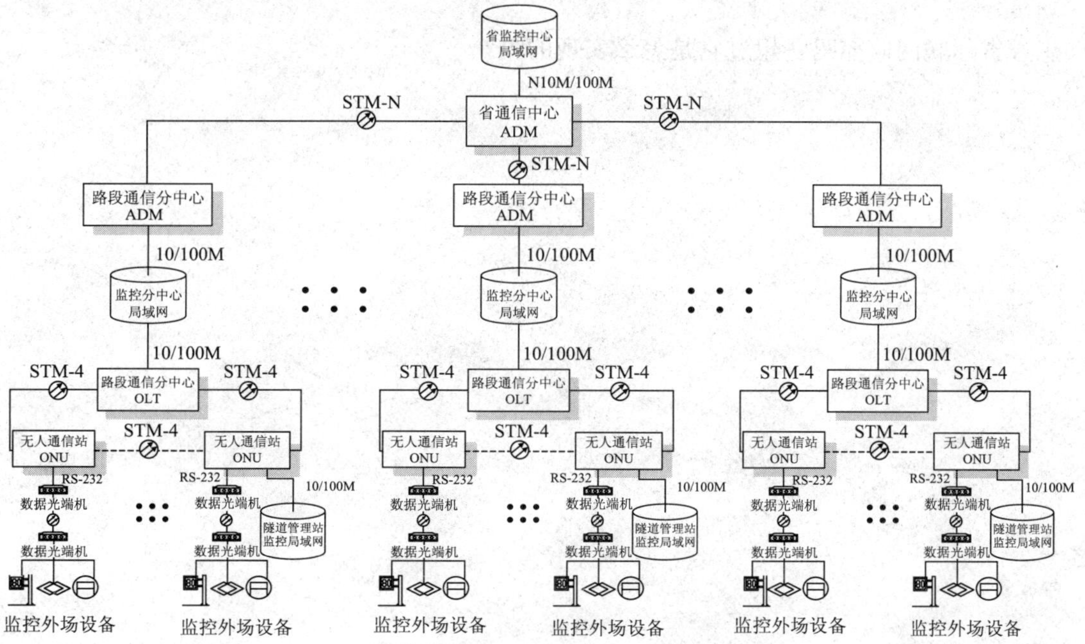

说明：1. 监控外场设备至所属监控分中心，一般先通过光纤接到就近的通信站，再由综合业务接入网提供子速率或10/100Mbit/s以太网传输通路至通信分中心；
2. 各监控分中心至省监控中心，由骨干传输系统提供10/100Mbit/s以太网传输通路，组成全省高速公路监控专用广域数据网。

图 8-0-2　湖南省省域监控系统数据传输示意图

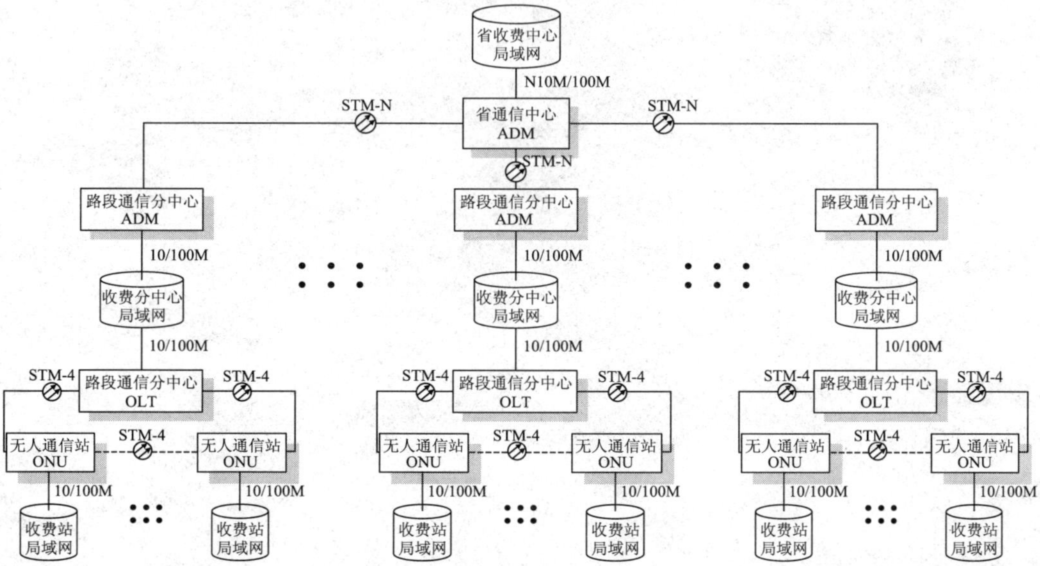

说明：1. 收费站至收费分中心采用路段内接入网提供的10/100M以太网传输通路；
2. 收费分中心至省收费中心采用骨干传输系统提供的10/100M以太网传输通路。

图 8-0-3　湖南省省域收费系统数据传输示意图

①湖南省监控中心正在建设中,图片来自湖南省机电新规划征求意见稿。

任务2　创新思维训练

想过省际联网监控吗？想过它是怎么实现的吗？

项目9 监控技术革新设想

【项目描述】

能力目标

■ 创新能力、新技术应用能力。

相关支撑知识

■ 综合运用知识。

训练方式、手段及步骤

■ 教师根据当时行业动态做新技术讲座一次,学生分组结合在前期项目中的创新教育做技术革新或改进设想,或新技术应用设想,在课堂上演讲、讨论。

考核标准

■ 演讲精彩度及创新的新颖度。

因为此项目是动态变化项目,故无正文。

附录1 《公路隧道设计规范》(JTG D70—2004)节选

16.2 照明

16.2.1 长度大于100m的隧道应设置照明。

16.2.2 照明设计应综合考虑环境条件、交通状况、土建结构设计、供电条件、建设与营运费用等因素。

16.2.3 照明设计路面亮度总均匀度(U_0)应不低于表16.2.3-1的要求,路面亮度纵向均匀度(U_1)应不低于表16.2.3-2的要求。

路面亮度总均匀度 U_0 表16.2.3-1

设计交通量 N(辆/h)		U_0
双车道单向交通	双车道双向交通	
≥2400	≥1300	0.4
≤700	≤360	0.3

注:当交通量在其中间值时,可按插入法取值。

亮度纵向均匀度 U_1 表16.2.3-2

设计交通量 N(辆/h)		U_1
双车道单向交通	双车道双向交通	
≥2400	≥1300	0.6~0.7
≤700	≤360	0.5

注:当交通量在其中间值时,可按插入法取值。

16.2.4 中间段亮度

1 中间段亮度可按表16.2.4取值。

中间段亮度 L_{th}(cd/m²) 表16.2.4

计算行车速度(km/h)	双车道单向交通 $N>2400$ 辆/h 或双车道双向交通 $N>1300$ 辆/h	双车道单向交通 $N\leq700$ 辆/h 或双车道双向交通 $N\leq360$ 辆/h
100	9.0	4.0
80	4.5	2.0
60	2.5	1.5
40	1.5	1.5

2 当双车道单向交通700辆/h $<N\leq$ 2400辆/h,双向交通360辆/h小于 $N\leq$ 1400辆/h切通过隧道的行车时间超过135s时,可按表16.2.4的80%取值。

3 人车混合通行的隧道中,中间段亮度不得低于2.5cd/m²。

4 隧道两侧墙面2m高范围内,宜配额设反射率不小于0.7的墙面材料。

5 灯具不知应满足闪烁频率低于2.5Hz或高于15Hz的要求。

6 中间段灯具的平面布置形式可采用单光带布置、两侧交错布置或两侧对称布置。

7　紧急停车带宜采用荧光灯光源，其照明亮度应大于 $7cd/m^2$。

8　连接通道亮度应大于 $2cd/m^2$。

16.2.5　入口段亮度可按式（16.2.5）计算。

$$L_{th} = k \cdot L_{20}(s) \tag{16.2.5}$$

式中：L_{th}——入口段亮度（cd/m^2）；

k——入口段亮度折减系数，可按表 16.2.5 取值；

$L_{20}(s)$——洞外亮度（cd/m^2）。

入口段亮度折减系数 *k*　表 16.2.5

设计交通量 N（辆/h）		k			
		计算行车速度 v_1（km/h）			
双车道单向交通	双车道双向交通	100	80	60	40
≥2400	≥1300	0.045	0.035	0.022	0.012
≤700	≤360	0.035	0.025	0.015	0.010

注：当交通量在其中间值时，可内插取值。

16.2.6　过渡段照明

1　过渡段亮度

过渡段由 TR_1、TR_2、TR_3 三个照明段组成，与之对应的亮度可按表 16.2.6-1 取值。

过 渡 段 亮 度　表 16.2.6-1

照明段	TR_1	TR_2	TR_3
亮度	$L_{th1} = 0.3L_{th}$	$L_{th2} = 0.1L_{th}$	$L_{th3} = 0.035L_{th}$

2　过渡段长度

各过渡段的长度可按表 16.2.6-2 取值。

过渡段长度 D_{tr}　表 16.2.6-2

计算行车速度 v_1（km/h）	D_{tr1}（m）	D_{tr2}（m）	D_{tr3}（m）
100	106	111	167
80	72	89	133
60	44	67	100
40	26	44	67

16.2.7　出口段照明

1　在单向交通隧道中，应设置出口段照明；出口段长度宜取 60m，亮度宜取中间段亮度的 5 倍。

2　在双向交通隧道中，可不设出口段照明。

16.2.8　隧道照明灯具的防护等急应不低于 IP65。

附录2 《高速公路监控系统集成》课程标准

课程名称:高速公路监控系统集成

课程性质:专业课

学　　分:4

参考学时:总学时:68 (17 周 ×4),原则上采取理实一体教学方式

适用对象:交通安全与智能控制

执 笔 人:曾瑶辉

一、前　　言

《高速公路监控系统集成》课程标准是根据交通安全与智能控制专业 2008 年 5 月新修订的教学计划编写而成的教学文件,它以标准的形式规定学生在知识与能力、过程与方式、情感态度与价值观等方面的基本要求;对课程性质、地位作用、课程目标、课程内容以及与其他学习领域关系做出相应的描述;对教材编写、教学要求、技能训练要求、教学建议、教学评价等也做出了相应的规定和要求。是规范学生学习和组织该课程教学的指导性教学文件。

二、课程性质、理念、设计思路

2.1　课程性质与定位

本课程是交通安全与智能控制专业核心课程,目标是培养学生在监控系统集成与维护行动领域的核心技能,使学生能够胜任高速公路监控系统维护员这个岗位。此外,本课程还和"监控设备操作工实务"一起构成对"公路监控设备操作工"这一工种的职业技能培养和鉴定的支持。它要以"高速公路通信系统集成"课程的学习为基础。

2.2　课程的基本理念

① 倡导项目教学法、案例教学法。

② 倡导积极主动、勇于探索的自主学习方式。

③ 特别注重培养学生的职业能力。

④ 建立合理、科学的评价体系。

评价应建立多元化的目标。评价既要关注学生学习的结果,更要关注他们学习的过程;既要关注学生学习的水平,也要关注他们在教学活动中所表现出来的情感态度的变化,表现出来的与人合作的态度、表达与交流的意识和探索的精神。

2.3　课程的设计思路

本课程着眼于学生的终身学习与可持续发展,关注学生素质,关注学生职业岗位能力的培养。本课程是依据"交通安全与智能控制专业工作任务与职业能力分析表"中的监控系统集

成工作设置的。其总体设计思路是，打破以知识传授为主要特征的传统学科课程模式，转变为以工作任务为中心组织课程内容，并让学生在完成具体项目的过程中学会完成相应工作任务，并构建相关理论知识，发展职业能力。课程内容突出对学生职业能力的训练，理论知识的选取紧紧围绕工作任务完成的需要来进行，同时又充分考虑了高等职业教育对理论知识学习的需要，并融合了相关职业资格证书对知识、技能和态度的要求。项目设计以监控系统集成工作流程为线索来进行。教学过程中，要通过校企合作，校内实训基地实训等多种途径，采取工学结合、半工半读等形式，充分开发学习资源，给学生提供丰富的实践机会。教学效果评价采取过程评价与结果评价相结合的方式，通过理论与实践相结合，重点评价学生的职业能力。

三、课 程 目 标

总体目标：通过学习，学生能够胜任高速公路监控系统维护员这一岗位，熟悉集成与维护工作中的每个环节，具有完成这些环节所需要的知识、技能、素质。通过本门课程和"监控设备操作工实务"的学习后，能够通过监控设备操作工的鉴定。

3.1 能力目标

①能够读懂站级到省级高速公路监控系统整体设计方案，能够按照设计好的方案进行现场安装、调试，能够掌握监控系统建设项目进度。

②具有站级到省级监控系统的运行维护能力。

③能够做站级、路段级监控系统的方案设计。

④能够完成典型监控设备的现场操作、故障诊断与恢复。

⑤具有现场组织管理能力及协调能力。

3.2 知识目标

①了解监控系统集成工作流程的主要工作内容，掌握设备选型的方法。

②熟悉典型监控设备的性能指标和技术参数。

③熟悉典型监控系统的组织布局及工作原理。

3.3 情感目标

①帮助学生体验监控系统集成学习活动中的成功与快乐，使他们认识到知识和技能来源于实际，又服务于社会。

②通过教师演示、学生独立动手操作完成项目任务，激发学生的学习兴趣，培养学生科学观察、独立思考、自主探究的习惯，从而使学生达到自主学习、参与学习、合作学习的目的。

3.4 态度目标

在安装调试过程中培养学生具有吃苦耐劳精神、一丝不苟的严谨工作作风，与人和谐相处、与人高效沟通的综合素质。

四、课程教学内容、要求、课时安排：

以高速公路监控系统集成与维护行动领域包含的工作任务为基础，进行概括提炼后，采用项目驱动式教学方法，把课程设计为以下项目。

项目1：简易四路视频监控系统的实现

项目2：收费站级视频监控系统的实现

项目3：隧道监控系统特殊部分的实现

项目4:车辆、气象等检测子系统的实现

项目5:信息发布子系统的实现

项目6:交通控制子系统的认知

项目7:分中心级监控系统的集成

项目8:省级联网监控系统的集成

项目9:监控技术革新设想(创新性项目)

(注:紧急电话系统放在“通信系统集成”课程里。)

下面用能力训练项目表和教学进度及考核点一览表(附表3-1、附表3-2)来具体描述教学内容、要求、课时安排。

能力训练项目及支撑知识设计表 附表3-1

编号	能力训练项目	能力训练子项目	课时	拟实现的能力目标	相关支撑知识	训练方式手段及步骤	结果(可检测)
1	基本视频监控系统(不含云台)的实现		4	能根据原理图在实训室内实现简易(四路切换式)视频监控系统的连线和调通	视频监控系统基本组成	分组在实训室内实现简易(四路切换式)视频监控系统的连线和调通。即把4个摄像机的视频输出通过4根同轴电缆连接到视频切换器的输入口,把切换器的输出连接到电视机的输入,加电,操作切换器,使电视机屏幕在4个摄像机镜头间切换	系统工作正常,能够切换监控画面
2	收费站管理所级视频监控系统的实现	2.1 视频采集子系统	4	能够完成收费亭、公路沿线常用摄像机、防护罩、云台选型、安装、接线	摄像机、云台性能指标、接口	在监控实训室内分组完成摄像机、云台安装、接线	接线正确,能够看到监控图像,能够控制云台上下左右旋转
		2.2 视频传输子系统实现(通信系统也是视频传输的平台,已经作为前期课程安排)	4	能够完成视频线缆及其接插件、音频线缆及其接插件、控制线缆及其接插件、通信线缆及其接插件、电源线的连接;能够完成解码器、光端机的选型、安装、接线;	常用线缆及插接件标准,视频分配器、光端机知识	在监控实训室内分组把摄像机输出通过光端机、线缆连接到显示设备。完成各种典型接线方式的接线	连接正确,信号传输正常
		2.3 视频切换及控制台子系统实现	4	能够完成视频矩阵、控制台的选型、连线、调试	视频矩阵、控制台原理、功能、接口、性能指标	分组在监控实训室完成矩阵、控制台的连接、调试	调试通过,能够看到切换和控制效果
		2.4 视频显示子系统实现	2	能够完成小型电视墙的布局设计、选型、安装调试	电视墙知识	分组在监控实训室完成小型电视墙的安装调试	安装调试通过,能够显示图像
		2.5 视频存储子系统实现	4	硬盘录像机选型、连接、操作	硬盘录像机功能、配置、性能指标	分组在监控实训室完成硬盘录像机接线、操作	接线、存储操作正确
		2.6 通过通信系统远程传输视频到上级	4	能够运用视频编码解码器通过通信系统传输视频到上级	视频编码解码器、通信系统知识	校外实训基地完成观摩实习	实习报告,绘连线图正确
		2.7 站级视频监控系统投标书	2	能够完成某站级监控系统总体设计及投标书的起草	标书格式、收费站管理所级监控系统集成知识	分组完成并提交标书	合格的标书

续上表

编号	能力训练项目	能力训练子项目	课时	拟实现的能力目标	相关支撑知识	训练方式手段及步骤	结果(可检测)
3	隧道监控系统特殊部分的实现	3.1 照明系统	4	能够识读隧道照明系统图纸,能够完成故障排除、部件更换	隧道照明系统电气知识、灯具知识	在隧道现场实习	实习报告完整详细,结构图准确
		3.2 通风系统	2	能够识读隧道通风系统图纸、能够进行通风操作、能够完成简单故障排除和部件更换	隧道通风及通风系统知识	在隧道现场实习	实习报告完整详细,结构图准确
		3.3 火灾报警、消防控制系统	4	能够识读隧道火灾报警、消防控制系统图纸,能够完成故障检测与排除	隧道火灾报警、消防控制系统原理和设备知识	在隧道现场实习	实习报告完整详细,结构图准确
		3.4 广播系统	2	能够识读隧道广播系统图纸,能够完成故障检测与排除	隧道广播系统原理和设备知识	在隧道现场实习	实习报告完整详细,结构图准确
		3.5 隧道交通诱导与控制策略	2	能够实施隧道内交通事故或灾难情况下的交通诱导预案	交通诱导及灾难应对知识	分组讨论某隧道灾难情况下的应对预案	积极参与度
4	车辆、气象、路面检测器子系统的实现(含动态称重车辆检测器)	4.1 车辆检测子系统	4	能够安装调试各种常见车辆检测仪器	车辆检测器功能、参数、接口知识	实训室或校外基地完成	调试成功
		4.2 气象检测子系统	4	能够安装调试各种常见气象检测仪器,尤其是能见度检测仪器、路桥面冰冻监测器	检测器功能、参数、接口知识	实训室或校外基地完成	调试成功
5	信息发布子系统的实现	可变情报板、可变限速标志	4	能够完成可变情报板、可变限速标志的接线;能够用软件发布信息	公众信息服务系统原理知识	实训室完成接线和信息发布,校外基地实习	接线发布信息成功;实习报告完整详细,结构图准确
6	交通控制子系统的认知	控制策略设计思想及控制方案	2	能够理解并执行交通控制方案	交通控制策略知识	某高速路段控制策略案例学习	参与的积极性与理解的正确性
7	分中心级的监控系统的集成	分中心级监控系统总体设计(含房间布局)	4	能够理解分中心级监控系统总体设计,能够读懂图纸	前面项目的知识综合	详细学习某实际分中心的设计方案和图纸文件	每组对某部分方案或图纸进行现场解读,答辩,以解读的完整性和准确性考核

续上表

编号	能力训练项目	能力训练子项目	课时	拟实现的能力目标	相关支撑知识	训练方式手段及步骤	结果(可检测)
8	省级联网监控系统的集成	数字视频系统	4	理解各分中心数字视频信号与省中心的连接方案	数字视频知识	学习省级联网监控标准，省中心实习	考察实习报告中对省级联网监控标准理解的完整性与准确性
9	监控新技术应用设想(创新性项目)	创新能力培养	4			教师做新技术讲座1次，学生分组结合在前期项目中的创新教育做技术革新或改进设想，或新技术应用设想，在课堂上演讲、讨论	演讲精彩度及创新的新颖度

教学活动进度及考核点一览表 附表3-2

序号	课时	单元标题	能力目标	知识目标	教学活动设计(教学过程)	考核方法
1	2	第一堂课	向学生描述该门课程的能力目标	向学生描述该门课程的知识目标	首先要学生现场完成一个QQ聊天监控系统来提振信心；然后用难度大一点的2个项目来暴露学生的能力缺陷，激发学习兴趣，引出整门课程的教学意图和学习方式；最后简介高速公路监控系统概貌	不考
2	2	基本视频监控系统(不含云台)的实现	能根据原理图在实训室内实现简易(四路切换式)视频监控系统的连线和调通	视频监控系统基本组成(模拟信号)	教师先用PPT显示系统组成连线图，实操演示，学生分组在实训室内实现。即把4个摄像机的视频输出通过4根同轴电缆连接到视频切换器的输入口，把切换器的输出连接到电视机的输入，加电，操作切换器，使电视机屏幕在4个摄像机镜头间切换	以系统工作正常，能够切换监控画面为考核标准
3	4	视频采集子系统实现	能够完成收费亭、公路沿线常用摄像机、防护罩、云台选型、安装、接线	摄像机、云台性能指标、接口知识	先讲授设备选型知识，然后做连线图，最后在监控实训室内分组完成摄像机、云台安装、接线	接线正确，能够看到监控图像，能够控制云台上下左右旋转
4	4	视频传输子系统实现	能够完成视频线缆及其接插件、音频线缆及其接插件、控制线缆及其接插件、通信线缆及其接插件、电源线的连接；能够完成解码器、光端机的选型、安装、接线	常用线缆及插接件标准，光端机知识	教师用PPT显示视频传输子系统组成，接线，在监控实训室内分组把摄像机输出通过光端机、线缆连接到显示设备。完成各种典型接线方式的接线	连接正确，信号传输正常
5	4	视频切换及控制台子系统实现	能够完成视频切换矩阵及控制键盘的选型、连线、调试	视频切换矩阵及控制台知识	先讲授知识，布置任务，后分组在监控实训室完成切换矩阵的连接、调试	调试通过，能够看到切换及控制效果

续上表

序号	课时	单元标题	能力目标	知识目标	教学活动设计(教学过程)	考核方法
6	2	视频显示子系统实现	能够完成小型电视墙的布局设计、选型、安装调试	电视墙知识,原理图	先讲授知识,布置任务,后分组在监控实训室完成小型电视墙的安装调试	安装调试通过,能够显示图像
7	4	视频存储子系统实现	硬盘录像机选型、连接、操作	硬盘录像机功能、配置、性能指标	先讲授知识,布置任务,后分组在监控实训室完成硬盘录像机接线、操作	接线、存储操作正确
8	4	数字视频传输子系统实现	能够运用视频编码解码器通过通信系统传输视频	视频编码解码器知识	校外实训基地完成实习	实习报告、连线图正确
9	2	收费站管理所级监控系统总体设计	能够完成总体设计及投标书的起草	标书格式、站级监控系统集成知识	布置任务,分组完成并提交标书	合格的设计书或标书
10	4	隧道照明子系统实现	能够识读隧道照明系统图纸,能够完成故障排除、部件更换	隧道照明系统电气知识、灯具知识	在隧道现场实习	实习报告完整详细,读图准确
11	2	隧道通风子系统实现	能够识读隧道通风系统图纸、能够进行通风操作、能够完成简单故障排除和部件更换	隧道通风系统知识	在隧道现场实习	实习报告完整详细,读图准确
12	4	火灾报警、消防控制系统	能够识读隧道火灾报警、消防控制系统图纸,能够完成故障检测与排除	隧道火灾报警、消防控制系统原理和设备知识	在隧道现场实习,绘出隧道火灾报警、消防控制系统的接线图	实习报告完整详细,读图图准确
13	2	广播子系统实现	能够识读隧道广播系统图纸,能够完成故障检测与排除	隧道广播系统原理和设备知识	在隧道现场实习,绘出隧道广播系统的接线图	实习报告完整详细,读绘图准确
14	2	隧道交通诱导与控制策略	能够实施隧道内交通事故或灾难情况下的交通诱导预案	灾难应对知识	分组讨论某隧道灾难情况下的应对预案	参与讨论的积极性和预案的合理性
15	4	车辆检测子系统实现	能够安装调试各种常见车辆检测仪器和称重器	车辆检测器功能、参数、接口知识	在实训室或校外基地完成原理讲授和调试	检测器正常工作
16	2	气象检测子系统1	能够安装调试各种常见气象检测仪器,尤其是能见度检测仪器	检测器功能、参数、接口知识	在实训室或校外基地完成原理讲授和调试	检测器正常工作
17	2	气象检测子系统2	能够安装调试各种常见路面状况检测仪器,尤其是路桥面冰冻监测器	检测器功能、参数、接口知识	实训室或校外基地完成调试	检测器正常工作
18	4	信息发布子系统的实现	能够完成可变情报板、可变限速标志的接线;能够用软件发布信息	信息发布系统原理知识	实训室完成接线和信息发布,校外基地实习	接线、发布成功;实习报告
19	2	交通控制子系统认知	能够理解交通控制策略并执行交通控制方案	交通控制策略知识	课堂讨论,针对某路段制定一个模拟方案	参与的积极程度和模拟方案的质量

续上表

序号	课时	单元标题	能力目标	知识目标	教学活动设计(教学过程)	考核方法
20	4	分中心级监控系统集成(含房间布局)	能够理解分中心级监控系统总体设计,能够读懂图纸	前面项目的知识综合	详细学习某实际分中心的设计图纸文件,每组对某部分图纸进行现场解读,答辩	以解读的完整性和准确性考核
21	4	省级数字视频监控系统集成	能够理解和实施各分中心数字视频信号与省中心的连接	数字视频知识	实训室完成数字视频系统连接;省中心实习	连接成功;实习报告
22	4	监控技术革新设想	创新能力		教师做新技术讲座1次,学生分组收集情报,写出创新性报告,在课堂上演讲、展示、讨论	创新方案或演讲稿的质量

五、实施建议

5.1 教学建议

教学应注意:

(1)面向全体学生,为学生全面发展和终身发展奠定基础,教学设计要符合学生认知和能力结构特点。

(2)关注学生的情感,营造宽松民主和谐的教学氛围。

(3)倡导目标驱动型的教学途径。

(4)加强对学生学习策略的指导。

第一堂课建议参照下面的教学设计进行。

第一堂课设计

首先向学生说明本课程学习目标,学习方式,考核办法。让学生明白通过本课程学习要达到什么能力目标;通过什么学习方式达到(要求学生在学习过程中扮演主动角色);如何进行学业考核等。一开始就让学生明确学习目标,做好唱主角的心理准备,激发学习兴趣和动力。本课程的学习目标、学习方式、考核办法分别为:

课程目标:通过学习,学生具有收费站级、隧道级和分中心级的监控系统的集成维护能力,具有省级监控系统的运行维护能力。

学习方式:分组撰写各级系统设计方案书,并在监控实训室完成系统集成调试。

考核办法:见后面关于考核的规定。

(15分钟)

课程引入设计

引入情境1:要求1个学生在多媒体教室现场用笔记本电脑+普通聊天用摄像头(任课老师带)组建一个最简单的监控系统,能够把本地和远程被监控目标的图像显示到桌面上,通过投影仪投影到银幕上。

一般上网搞过视频聊天的学生都能够完成这个任务。一旦完成了这个任务,学生马上就对学好这门课树立了信心,原来监控这么简单!(树立信心是设计这个引入项目的目的之一。)

(20分钟)

教师马上就可以通过这个例子来说明监控系统的基本组成:

①视频采集子系统(摄像头);

②视频传输子系统(摄像头到投影仪间的传输线路;当用QQ视频聊天时,银幕上可以出

现远程监控镜头，此时整个因特网就是视频传输子系统，也就是通信系统）；

③视频切换子系统。在 QQ 上可以实现视频切换，切换到另外一个人的画面；多媒体教室里的 VGA 视频切换器也是一种切换；

④视频显示子系统（电脑显示屏、投影仪）。

好直观好容易理解！（分析监控系统基本组成是设计这个项目的目的之二。）

（10 分钟）

引入情境 2：要求 2 个学生同时上台各绘出一个高速公路收费站监控系统的结构图，列出设备清单。一般学生都不知从何入手，或者有错误，或者不完整。这一下就会暴露学生的能力和知识缺陷。原来要做真实的高速公路监控系统集成不是那么简单！还需要学习和训练！（这就激发了学生的学习兴趣和动力。）

老师大概指出学生所绘结构图和清单中的错误和遗漏，并向学生说明要做好一个收费站监控系统的集成一般要完成哪些工作流程，产生哪些工作文档，要具有哪些技能和知识。

（30 分钟）

引入情境 3：引出后续课程安排和课后学习要求。告诉学生第一个大的阶段性任务就是编写收费站级监控系统的设计方案书，并在监控实训室利用仪器设备实现之。这就引出了第一阶段的学习目标，学生很容易理解。设计方案书的样式让学生课后自己去查找，以训练查阅知识的能力。告诉学生，为了完成设计任务，必须安排一次到收费站的实地考察调研。让学生明白实地调研是做设计方案的一个必需步骤。然后带学生参观监控实训室。

（15 分钟）

5.2　教学考核评价建议

本课程不采用传统的卷面考试，而是采用基于项目完成情况的项目化考核，具体考核方式如下：

（1）以平时项目完成情况为主要考核依据（能力考核）。

（2）总评成绩 = 平时项目考核（90%）+ 平时学习态度（10%）。平时项目考核采取公开展示项目成果并答辩、学生参与议定成绩的方式，以方案书的质量（40%）和调试连通质量（60%）为考核依据。平时学习态度根据考勤情况和平时实际态度由教师和学生小组评定，权重各占 50%。这样可以充分体现学生在评价中的主体地位。

（3）每个项目都要进行考核，各个项目成绩按项目复杂程度做加权平均就得到总项目考核成绩。

本课程与职业技能认证是密切结合的，学完该课程和“监控设备操作工实务”后应当能够通过“公路监控设备操作工”的鉴定。还可以参加安防工程师系列的职业技能认证。

5.3　教材选用和编写建议

（1）教材、教学参考资料使用建议

没有现成教材，正在编写校本教材。

（2）教材编写原则与要求

采用项目式体例，充分体现能力培养为核心的思想，穿插必需、够用的理论知识，注意体现考核标准。

5.4　课程资源的开发与利用

本课程正在建设院级精品课程网站，所有课程资料均可以上网查询。

参考资料：

[1] 李冬陵.湖南省高速公路机电系统联网技术条件.内部资料.
[2] 段国钦.高速公路机电系统运行与维护手册.北京：人民交通出版社，2006.
[3] 智能交通网。

5.5 其他说明

紧急电话系统放在"通信系统集成"课程里学习。

参 考 文 献

[1] 李冬陵. 湖南省高速公路机电系统联网技术条件. 内部资料,2007.

[2] 段国钦. 高速公路机电系统运行与维护手册. 北京:人民交通出版社,2006.

[3] 智能交通网. http://www.21its.com/.

[4] 陈启美. 高速公路通信收费监控系统构成与进展. 北京:国防工业出版社,2006.

[5] 华能基础产业投资有限公司. 临长高速公路机电工程培训教程—监控系统分册. 内部资料,2004.

[6] 李冬陵. 湖南省高速公路机电系统新规划(征求意见稿). 内部资料,2007.

[7] 李永强. 省域高速公路联网监控系统方案设计. 物流技术,2008(1).

[8] 电脑硬件知识网. http://www.juqingshow.com/.

[9] 孙巧燕. 隧道通风和火灾报警系统研究. 西安:长安大学,2002.

[10] 单永欣. 公路隧道交通诱导与控制策略研究. 西安:长安大学,2004.

[11] 李纲. 高速公路监控系统及交通控制策略研究. 西安:长安大学,2006.

[12] 张媛. 高速公路入口匝道控制的研究. 西安:长安大学,2005.